Aprenda desenhar 2

Criação e diagramação: Jarbas C. Cerino
Revisão: Beatriz Hüne

1ª Edição

Cotia 2017

PÉ DA LETRA EDITORA E DISTRIBUIDORA

Preste muita atenção na sequência de ilustrações:

Antes de reproduzirmos as etapas do desenho, vamos praticar sua coordenação motora, com o exercício de caligrafia abaixo!

Girafa

Agora é sua vez, repita os passos e faça seu desenho!

Preste muita atenção na sequência de ilustrações:

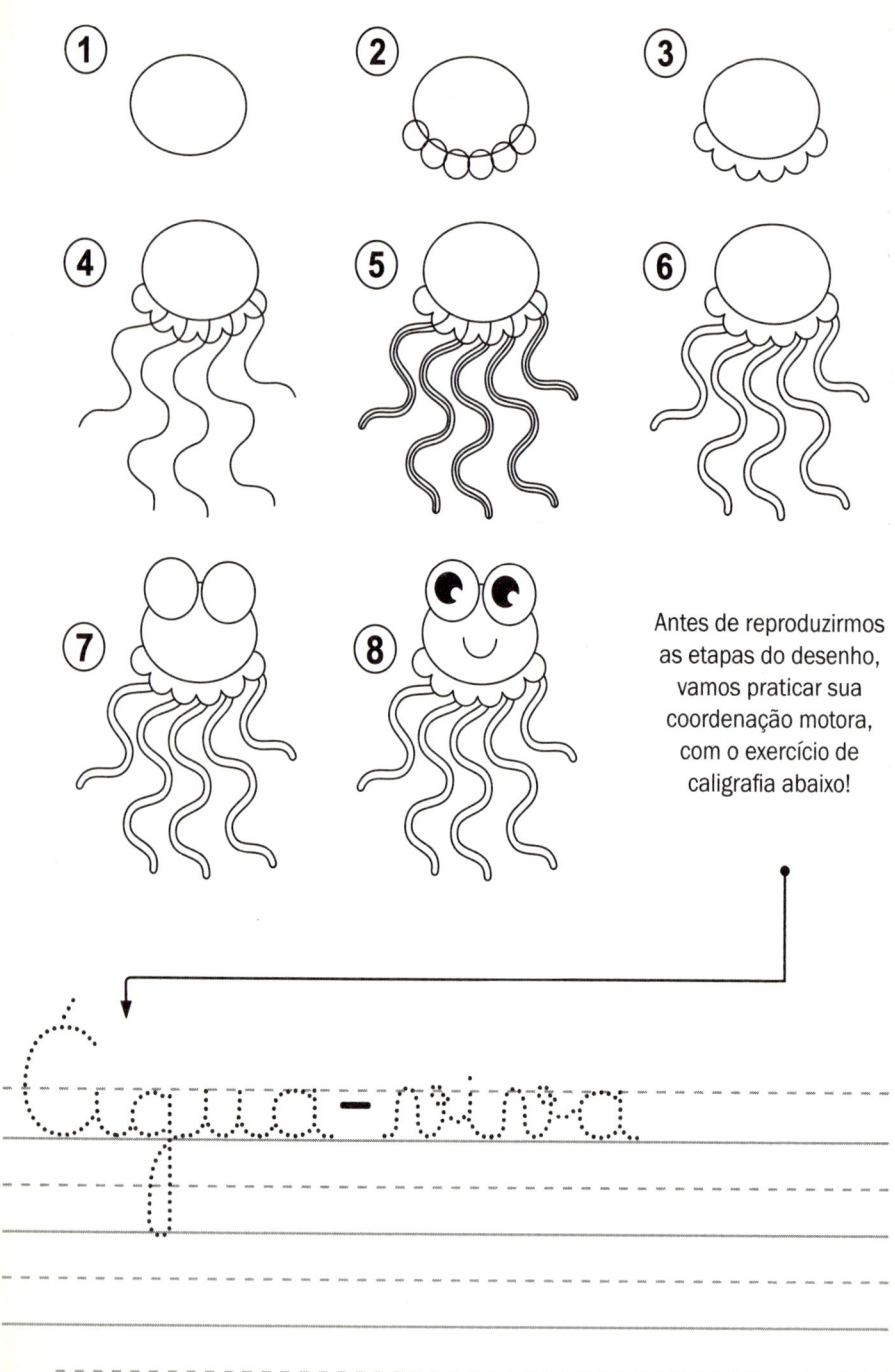

Antes de reproduzirmos as etapas do desenho, vamos praticar sua coordenação motora, com o exercício de caligrafia abaixo!

Água-viva

Agora é sua vez, repita os passos e faça seu desenho!

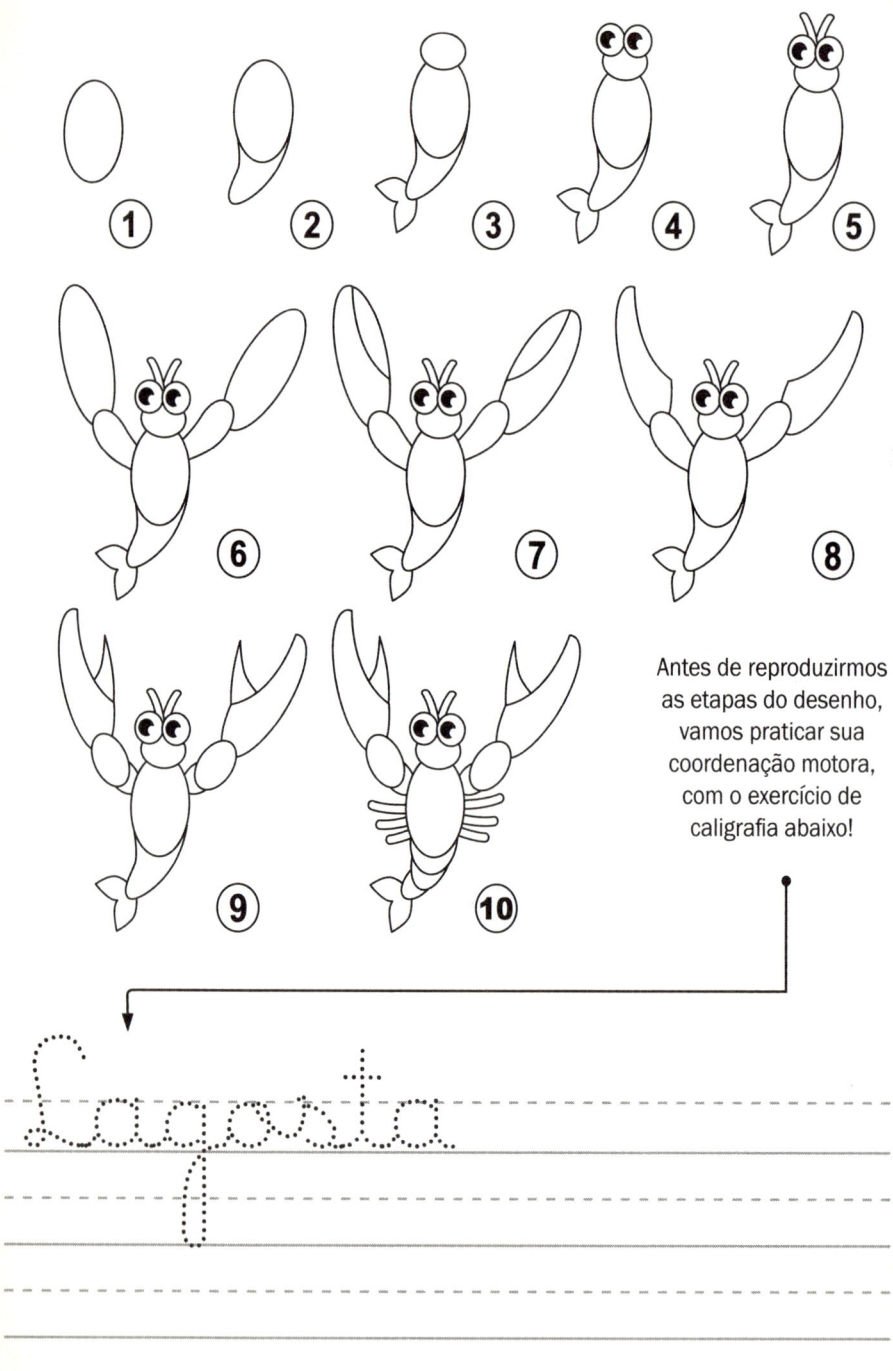

Agora é sua vez, repita os passos e faça seu desenho!

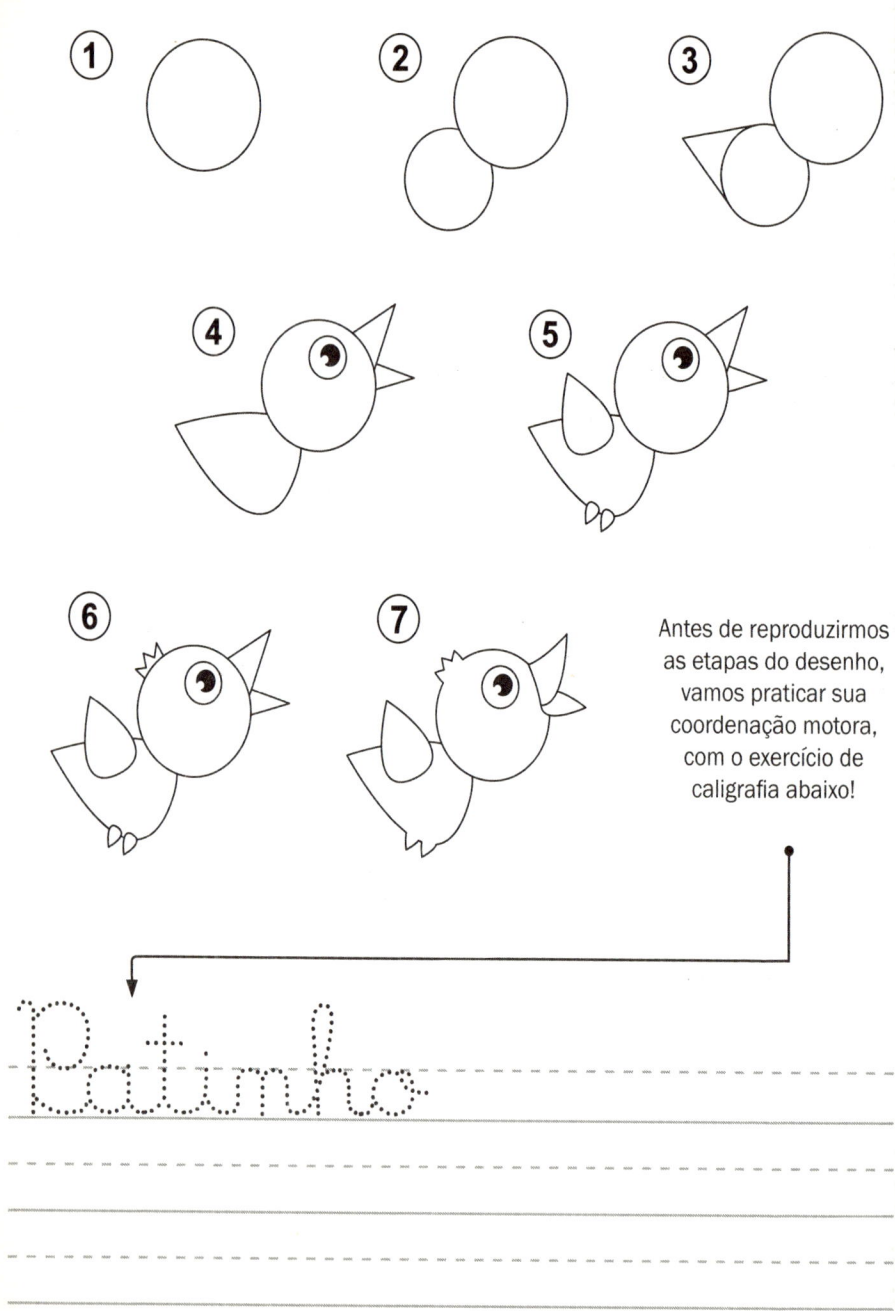

Agora é sua vez, repita os passos e faça seu desenho!

Preste muita atenção na sequência de ilustrações:

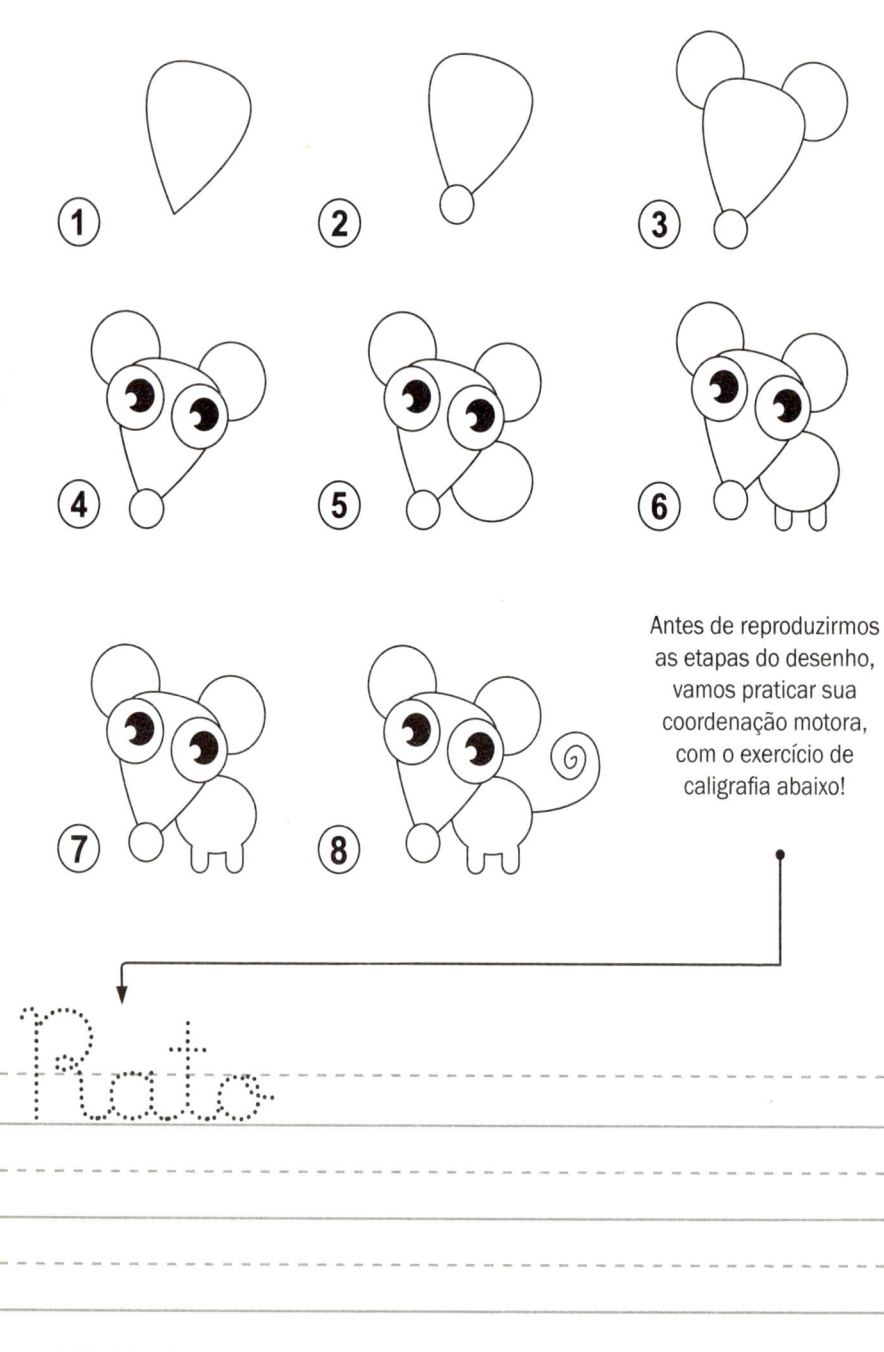

Antes de reproduzirmos as etapas do desenho, vamos praticar sua coordenação motora, com o exercício de caligrafia abaixo!

Rato

Agora é sua vez, repita os passos e faça seu desenho!

Preste muita atenção na sequência de ilustrações:

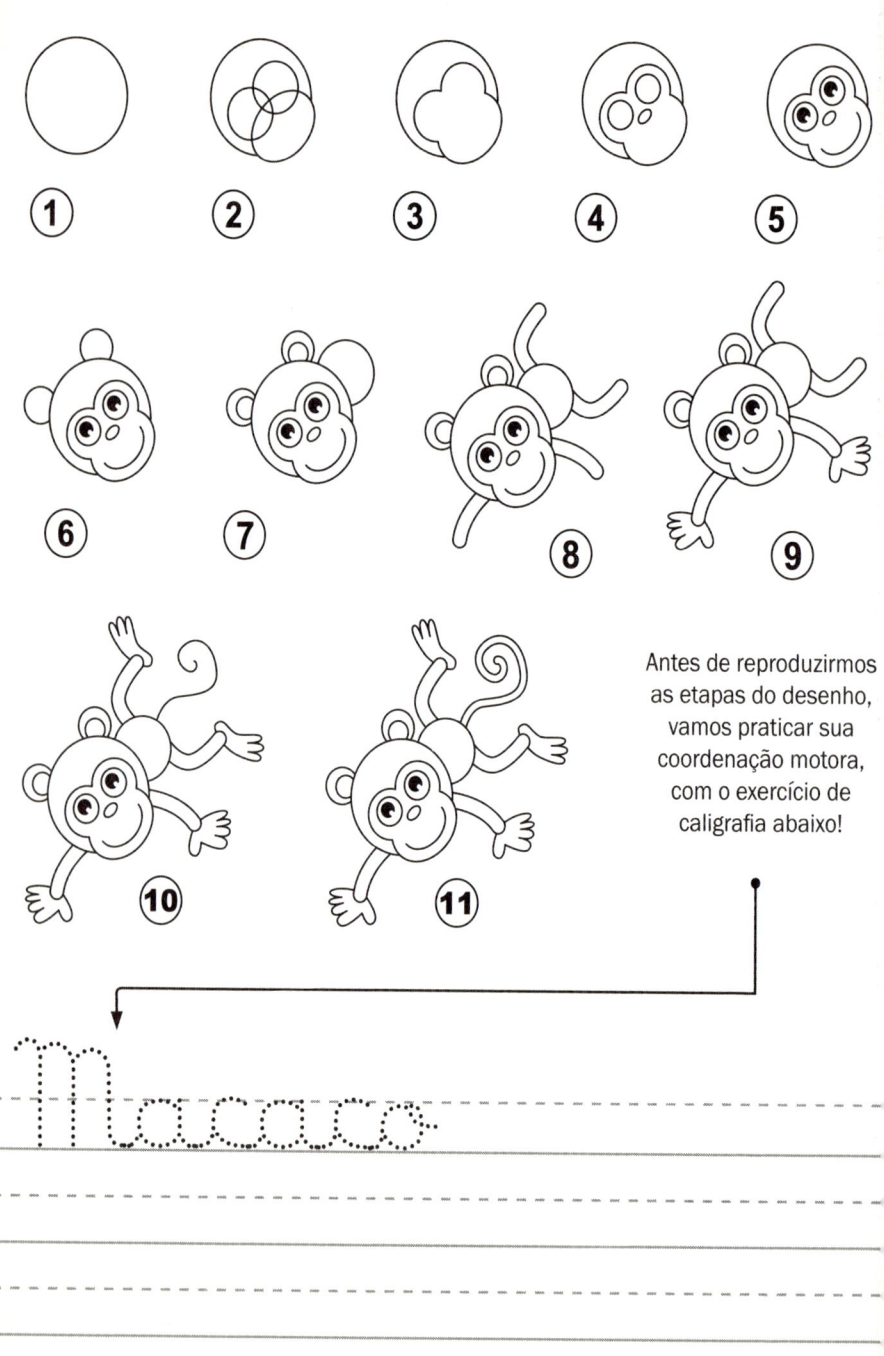

Antes de reproduzirmos as etapas do desenho, vamos praticar sua coordenação motora, com o exercício de caligrafia abaixo!

Macaco

Agora é sua vez, repita os passos e faça seu desenho!

Preste muita atenção na sequência de ilustrações:

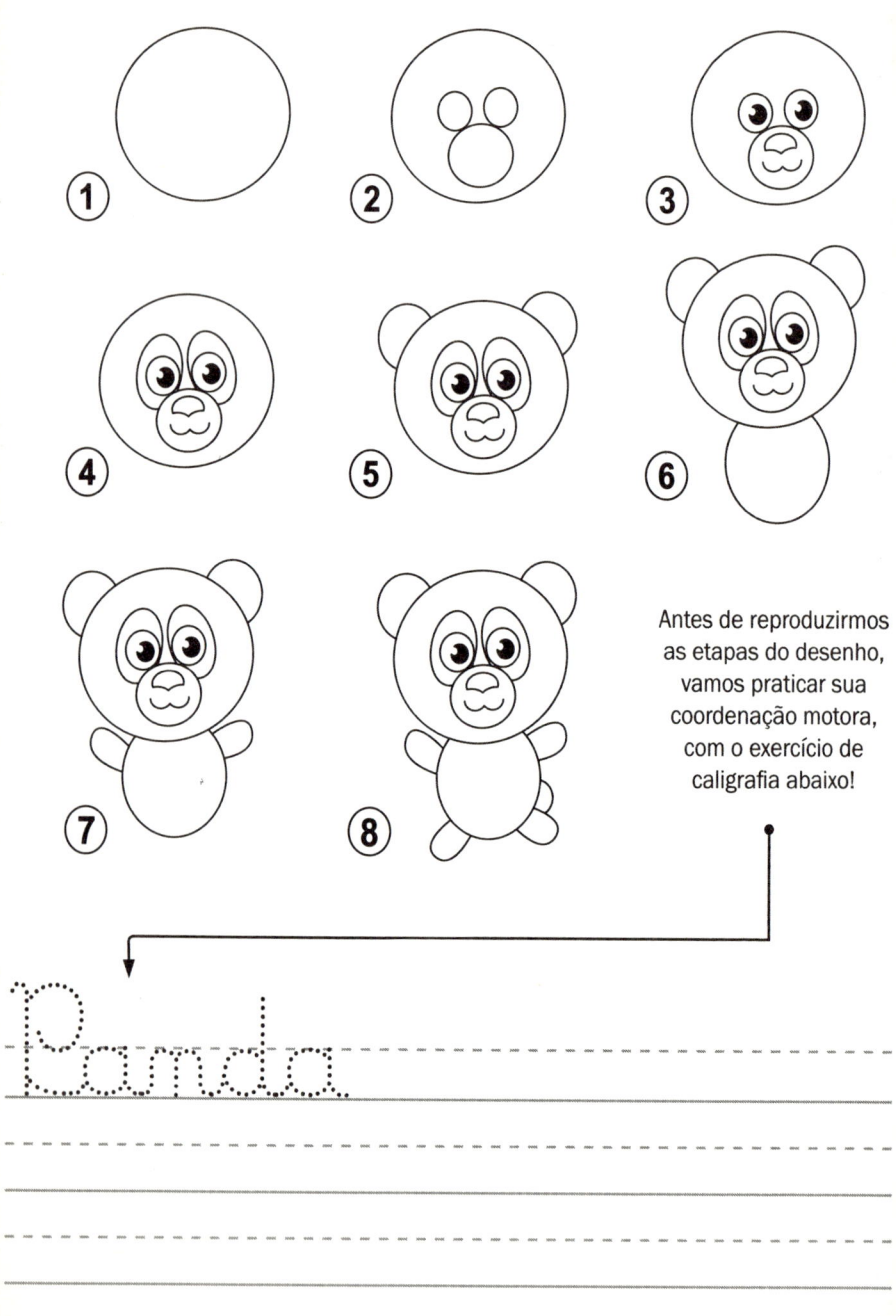

Antes de reproduzirmos as etapas do desenho, vamos praticar sua coordenação motora, com o exercício de caligrafia abaixo!

Panda

Agora é sua vez, repita os passos e faça seu desenho!

Preste muita atenção na sequência de ilustrações:

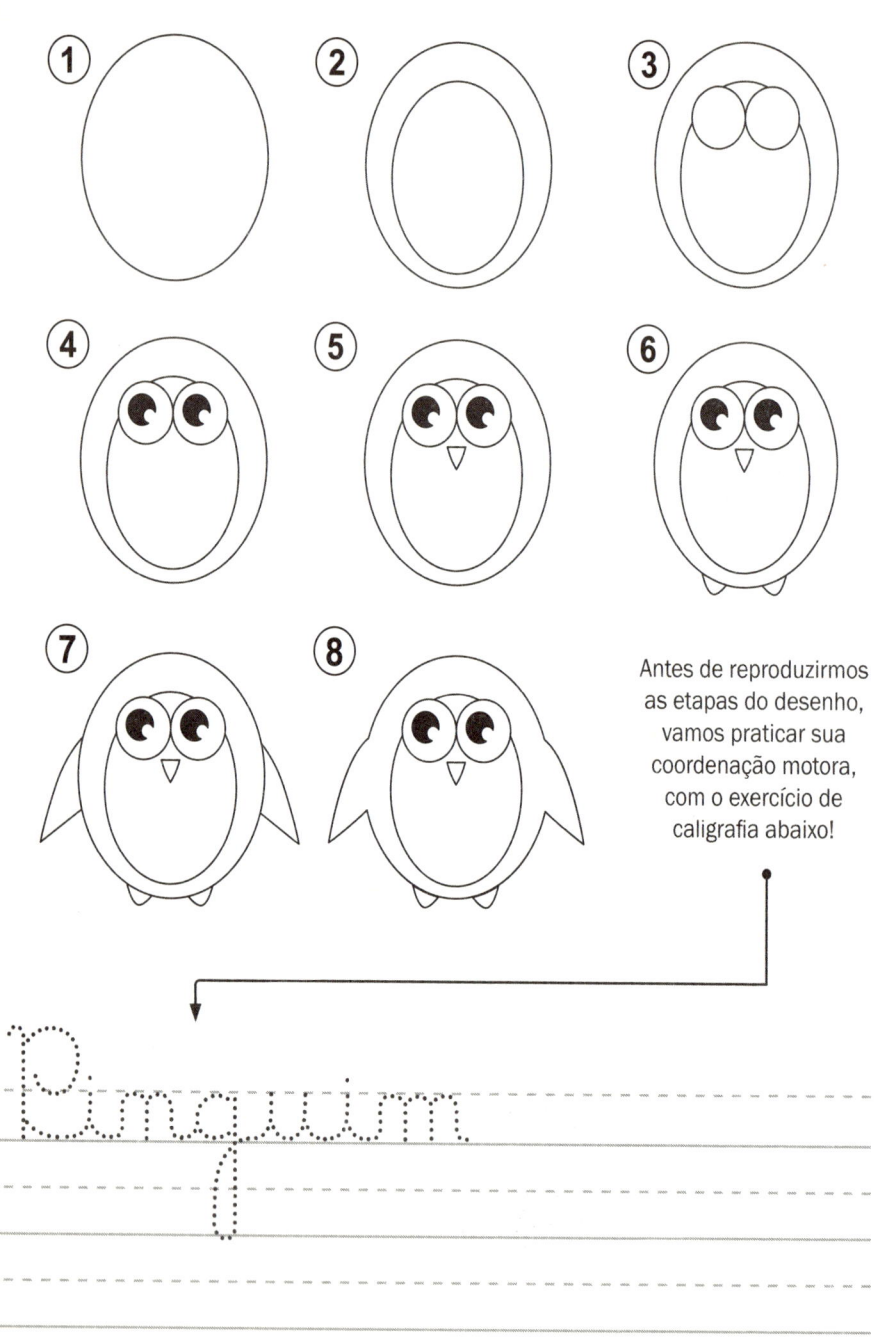

Antes de reproduzirmos as etapas do desenho, vamos praticar sua coordenação motora, com o exercício de caligrafia abaixo!

Pinguim

Agora é sua vez, repita os passos e faça seu desenho!

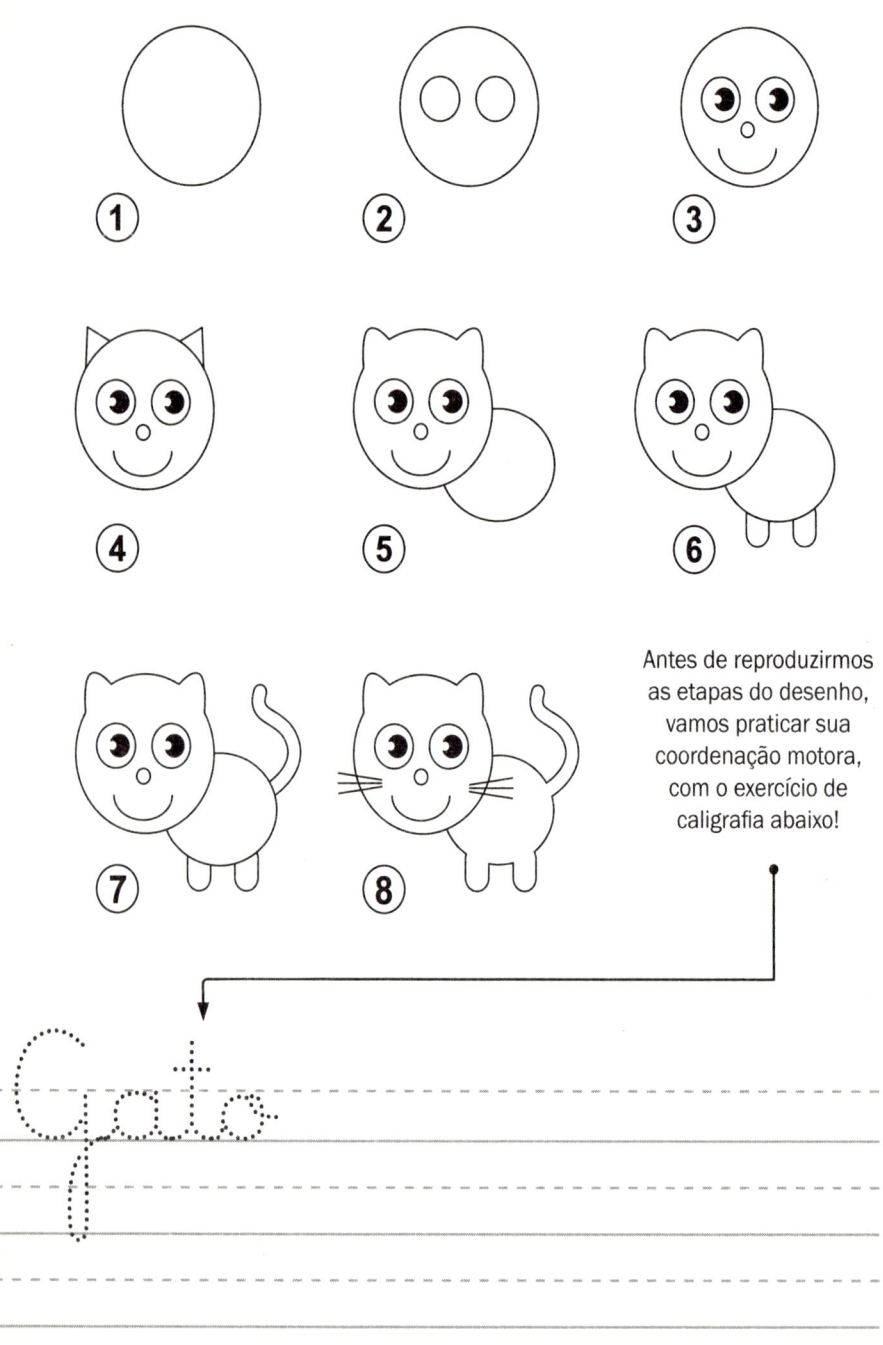

Agora é sua vez, repita os passos e faça seu desenho!

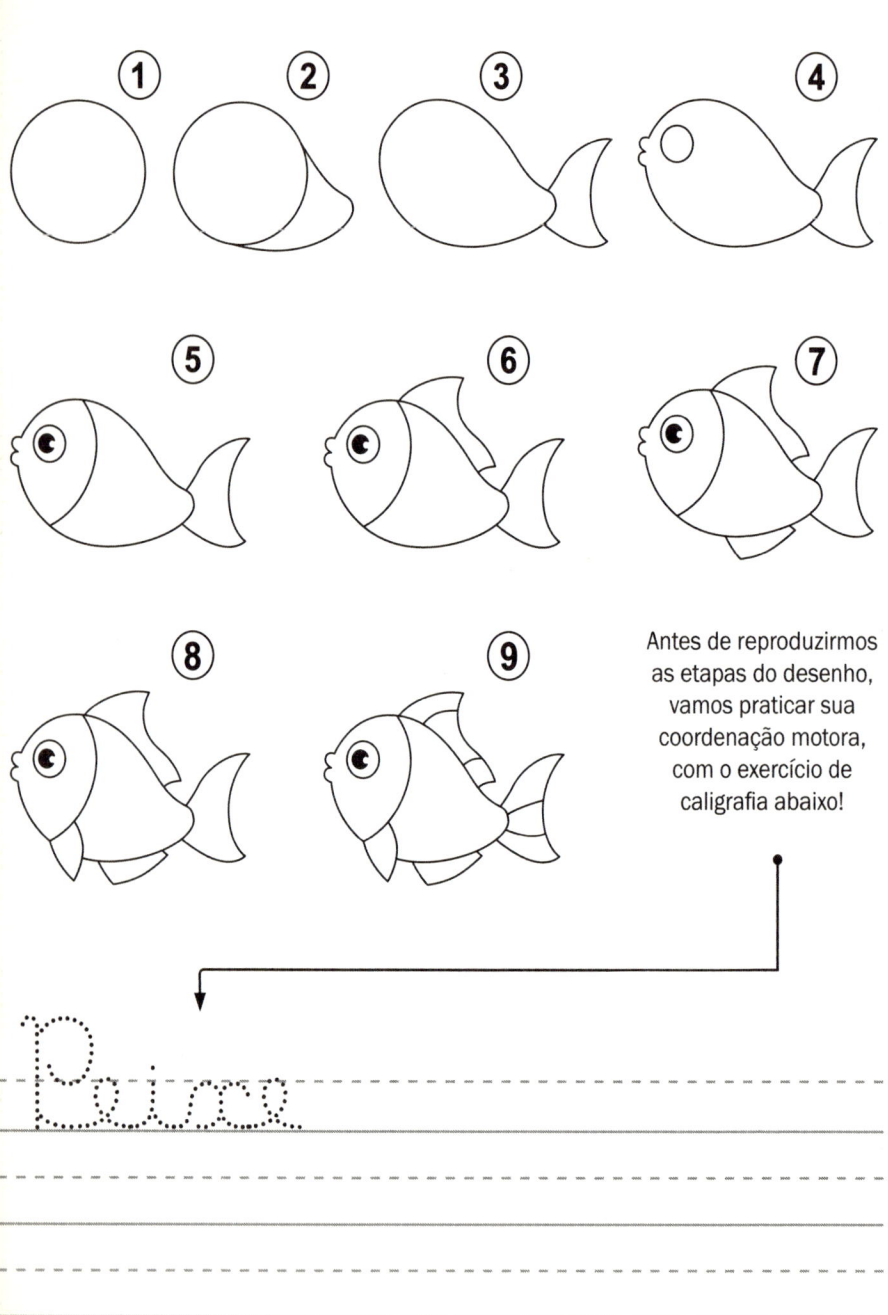

Agora é sua vez, repita os passos e faça seu desenho!

Preste muita atenção na sequência de ilustrações:

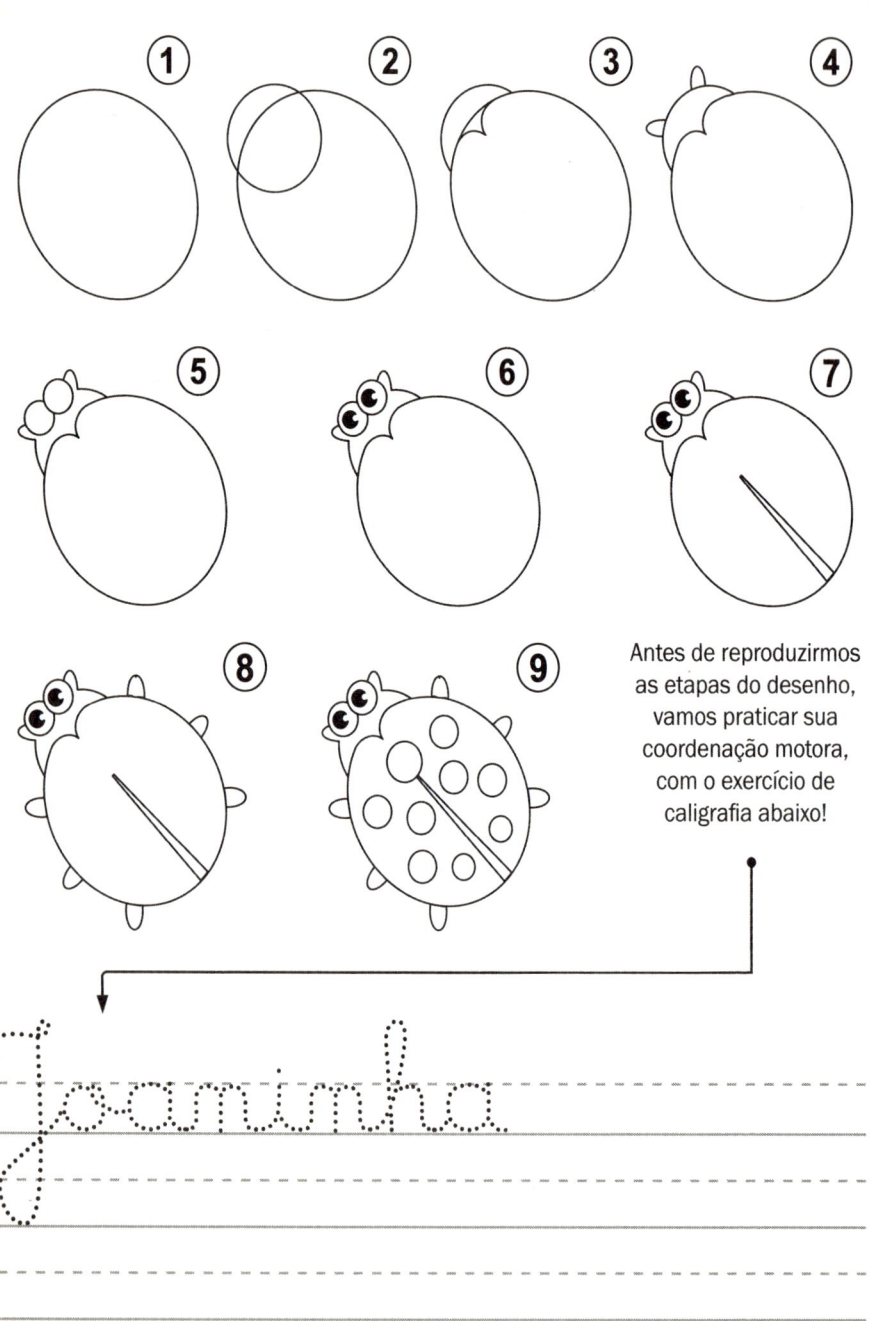

Antes de reproduzirmos as etapas do desenho, vamos praticar sua coordenação motora, com o exercício de caligrafia abaixo!

Joaninha

Agora é sua vez, repita os passos e faça seu desenho!

Preste muita atenção na sequência de ilustrações:

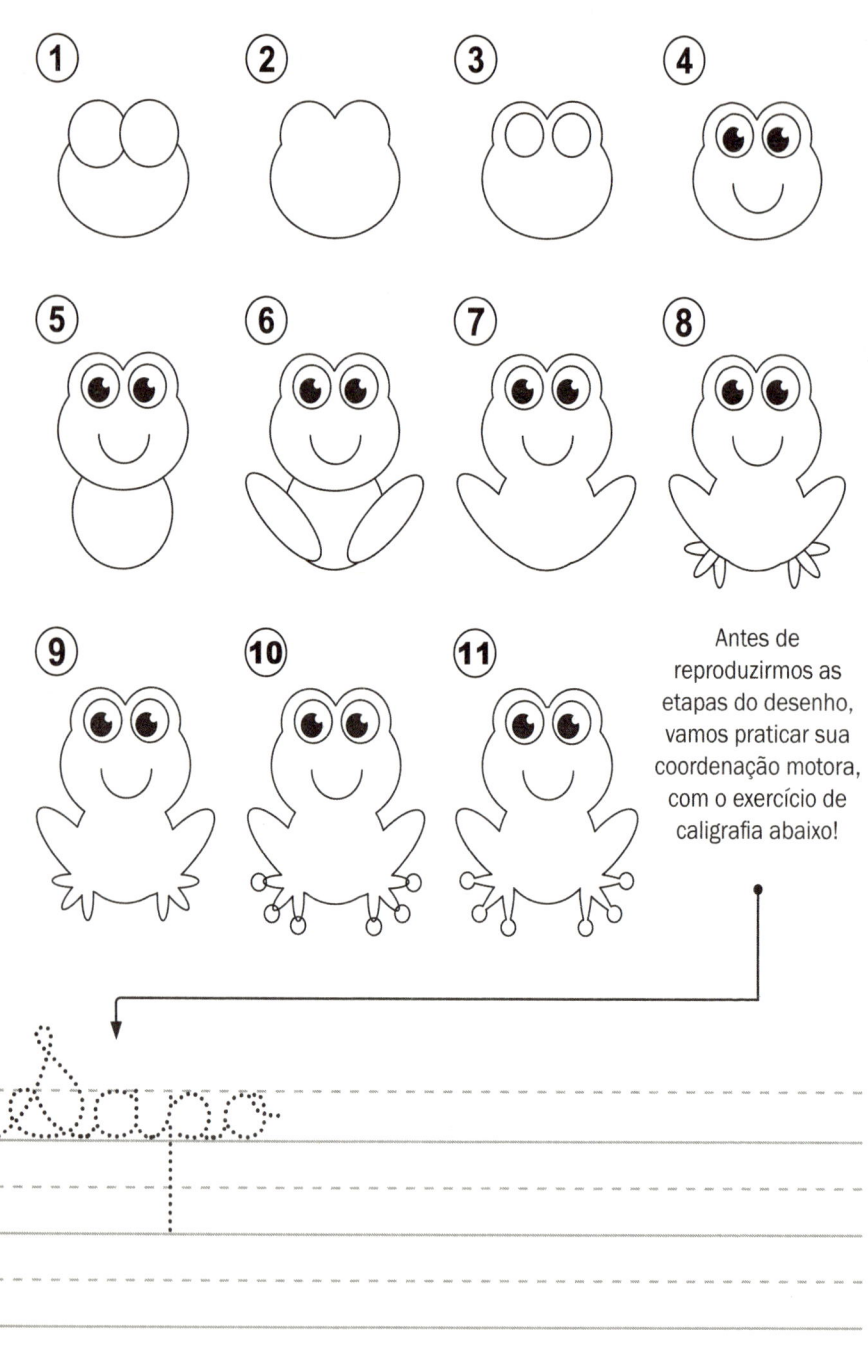

Antes de reproduzirmos as etapas do desenho, vamos praticar sua coordenação motora, com o exercício de caligrafia abaixo!

sapo

Agora é sua vez, repita os passos e faça seu desenho!

Preste muita atenção na sequência de ilustrações:

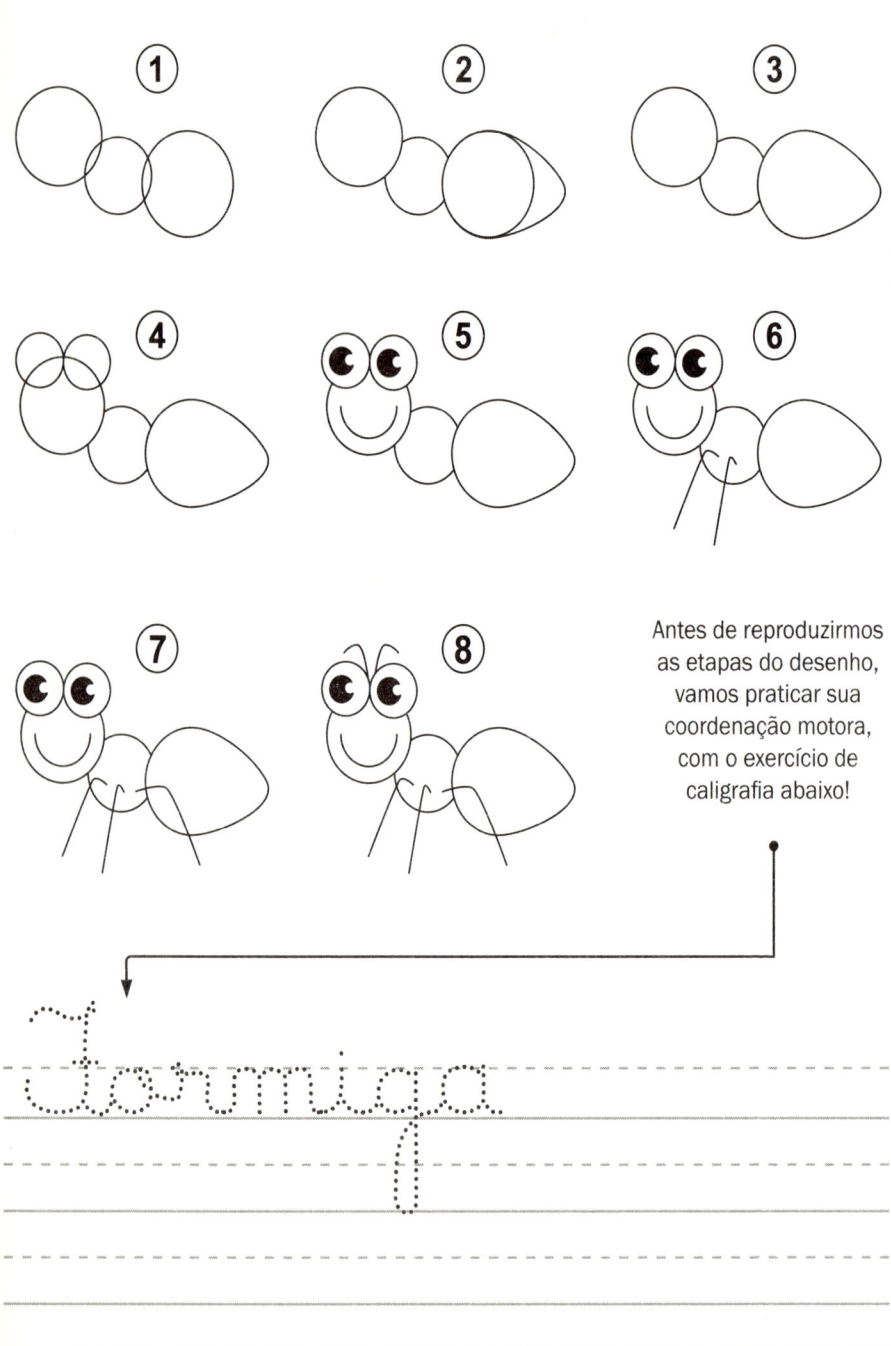

Antes de reproduzirmos as etapas do desenho, vamos praticar sua coordenação motora, com o exercício de caligrafia abaixo!

Agora é sua vez, repita os passos e faça seu desenho!

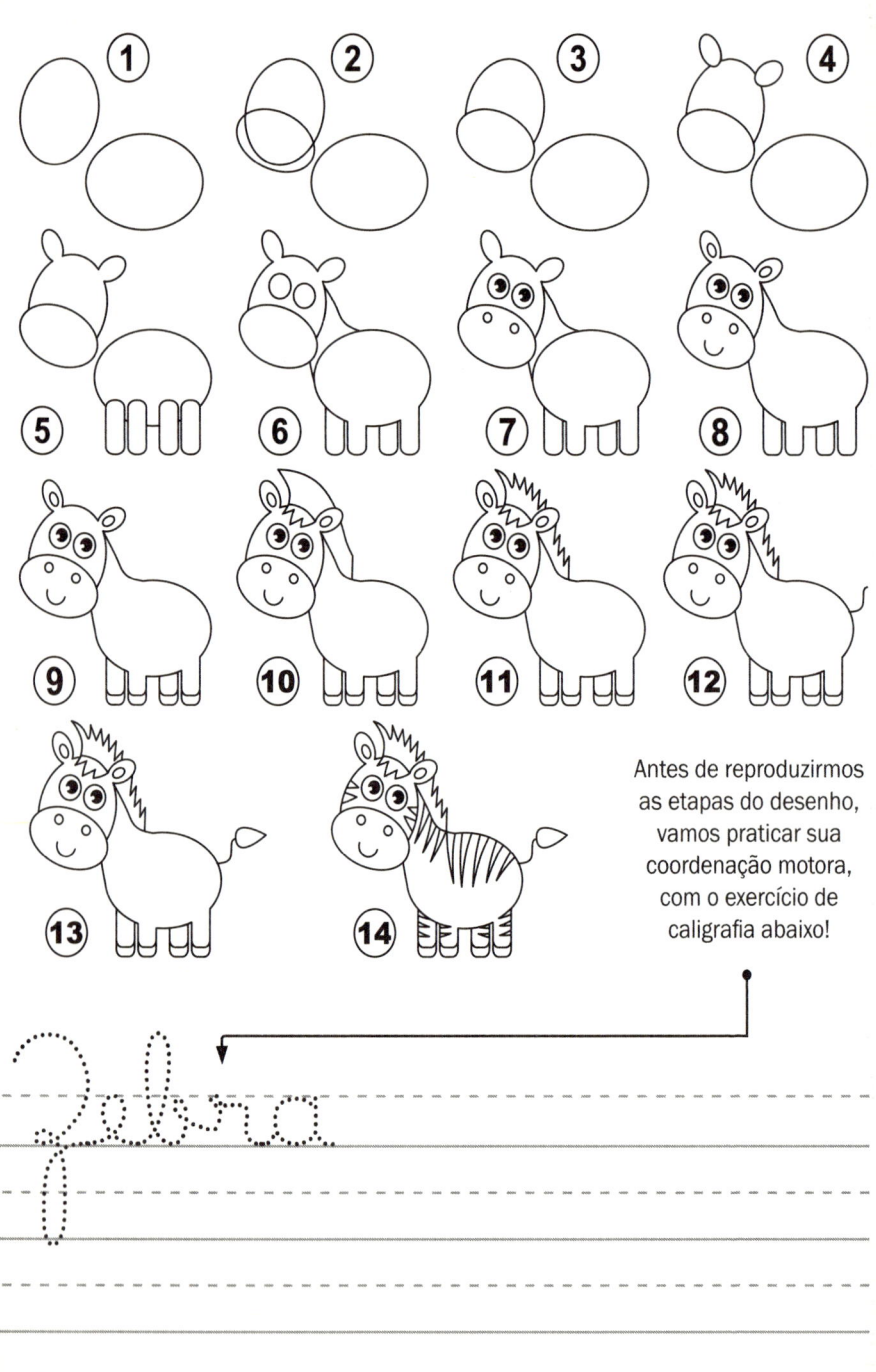

Agora é sua vez, repita os passos e faça seu desenho!

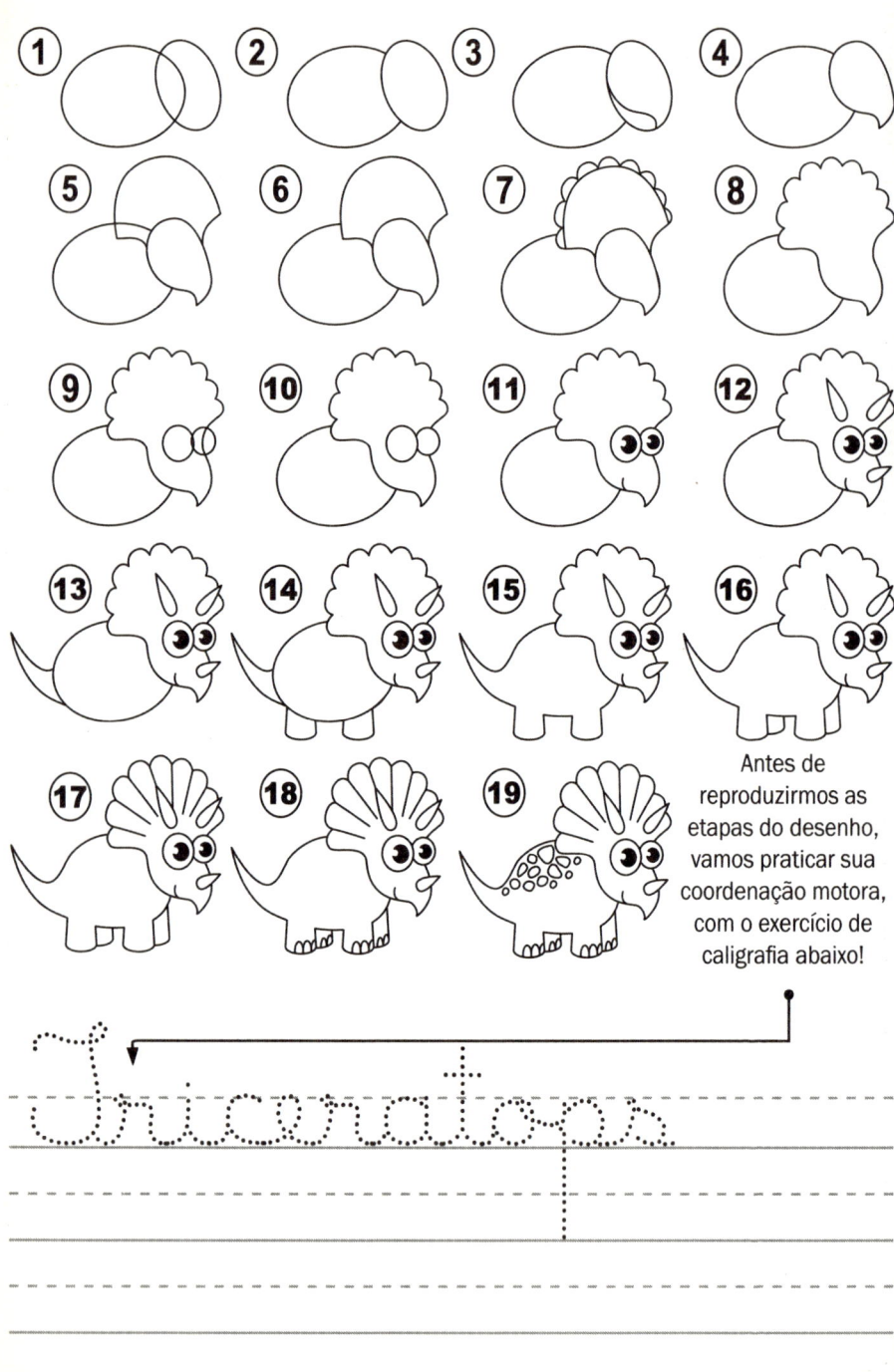

Agora é sua vez, repita os passos e faça seu desenho!

Preste muita atenção na sequência de ilustrações:

Antes de reproduzirmos as etapas do desenho, vamos praticar sua coordenação motora, com o exercício de caligrafia abaixo!

Flamingo

Agora é sua vez, repita os passos e faça seu desenho!

Preste muita atenção na sequência de ilustrações:

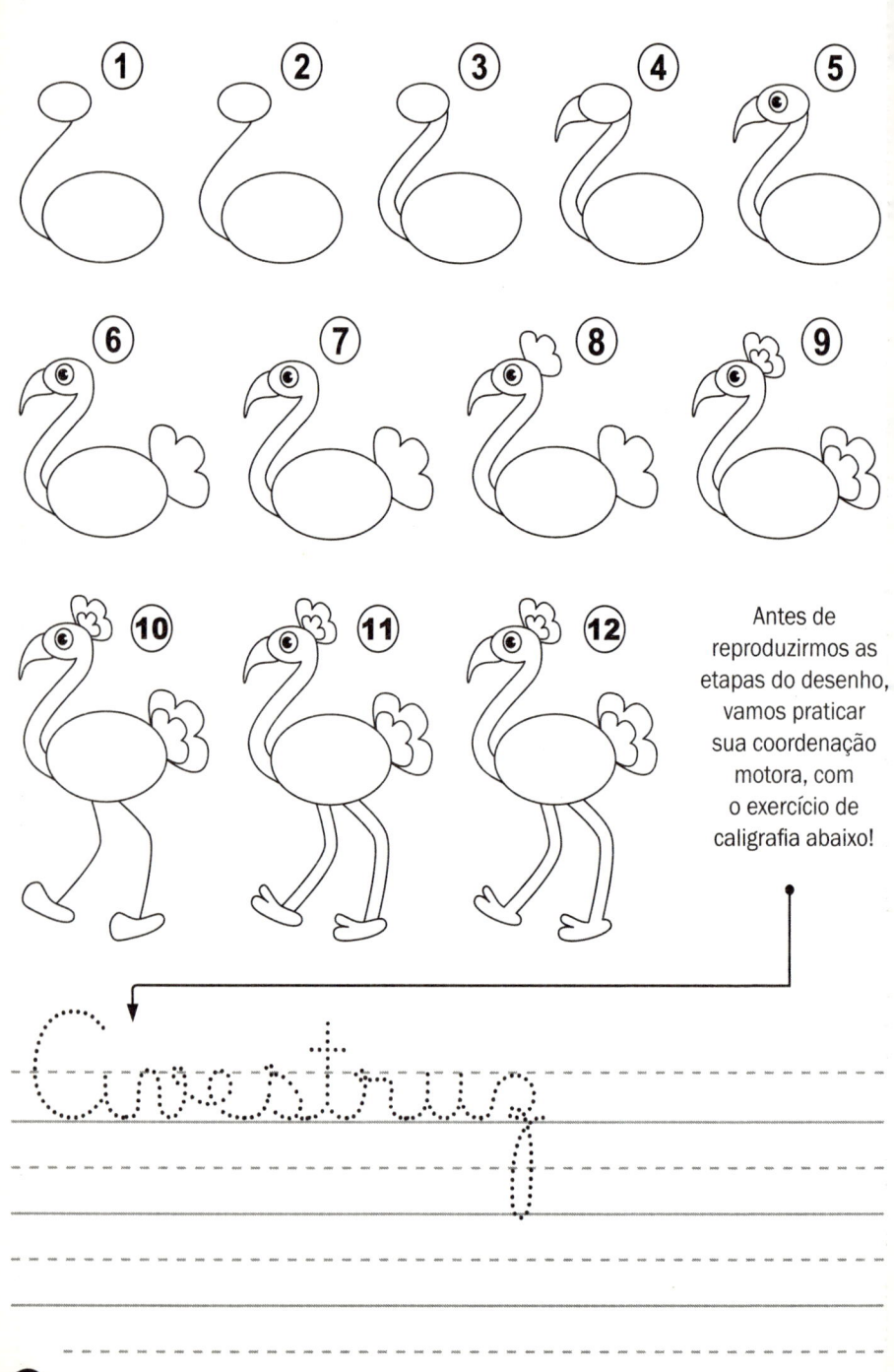

Antes de reproduzirmos as etapas do desenho, vamos praticar sua coordenação motora, com o exercício de caligrafia abaixo!

Agora é sua vez, repita os passos e faça seu desenho!

Preste muita atenção na sequência de ilustrações:

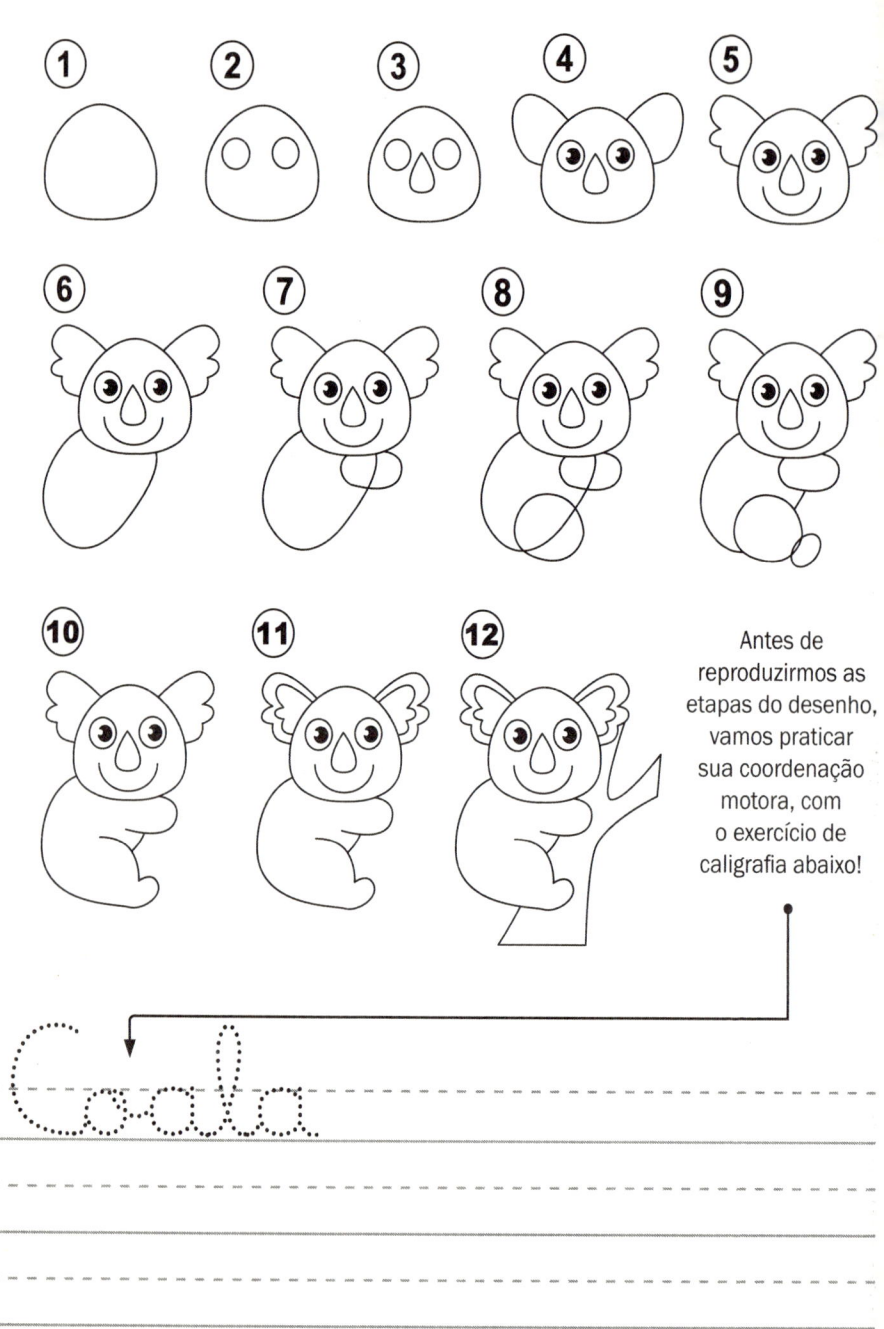

Antes de reproduzirmos as etapas do desenho, vamos praticar sua coordenação motora, com o exercício de caligrafia abaixo!

Coala

Agora é sua vez, repita os passos e faça seu desenho!

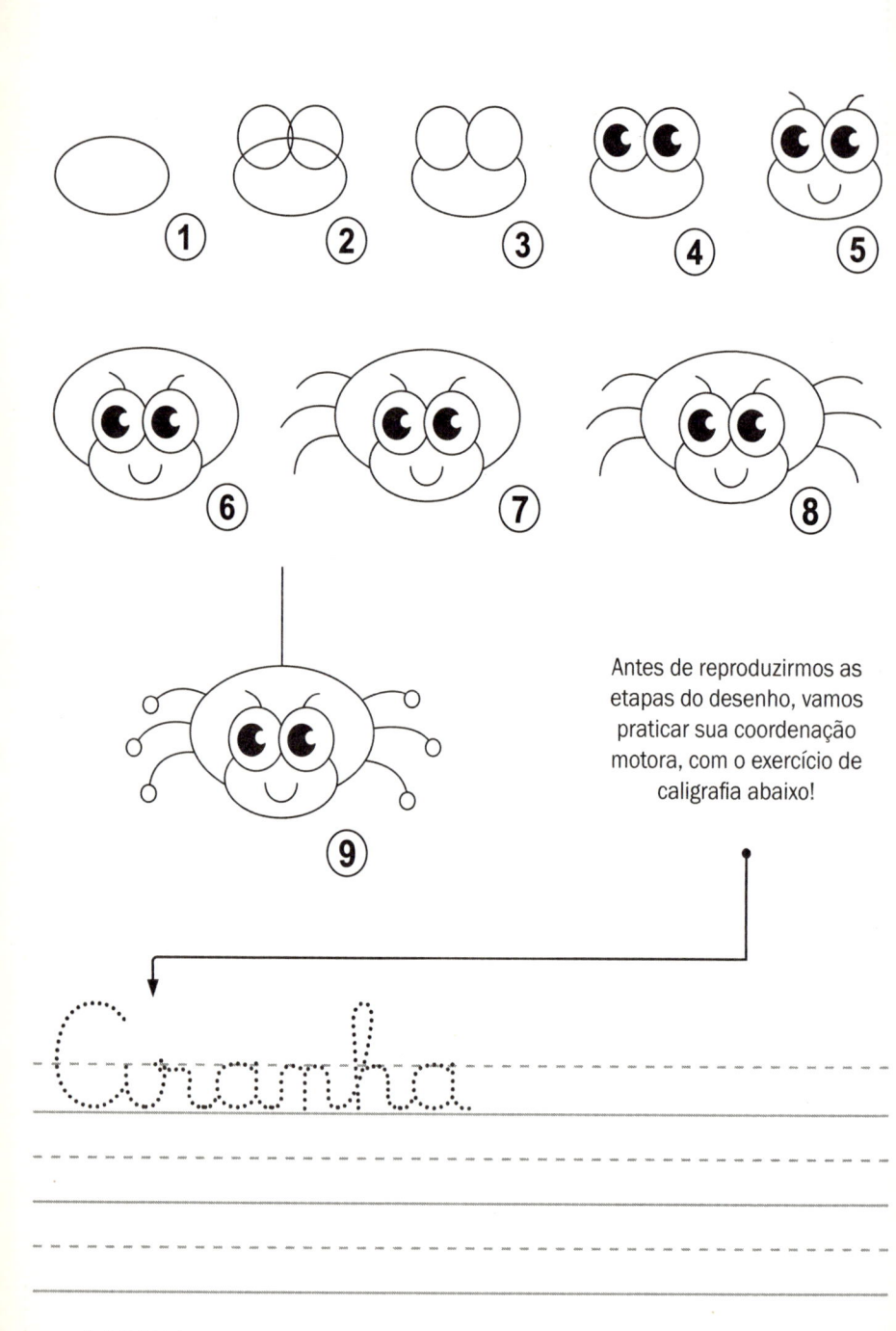

Preste muita atenção na sequência de ilustrações:

① ② ③ ④ ⑤
⑥ ⑦ ⑧
⑨

Antes de reproduzirmos as etapas do desenho, vamos praticar sua coordenação motora, com o exercício de caligrafia abaixo!

Aranha

Agora é sua vez, repita os passos e faça seu desenho!

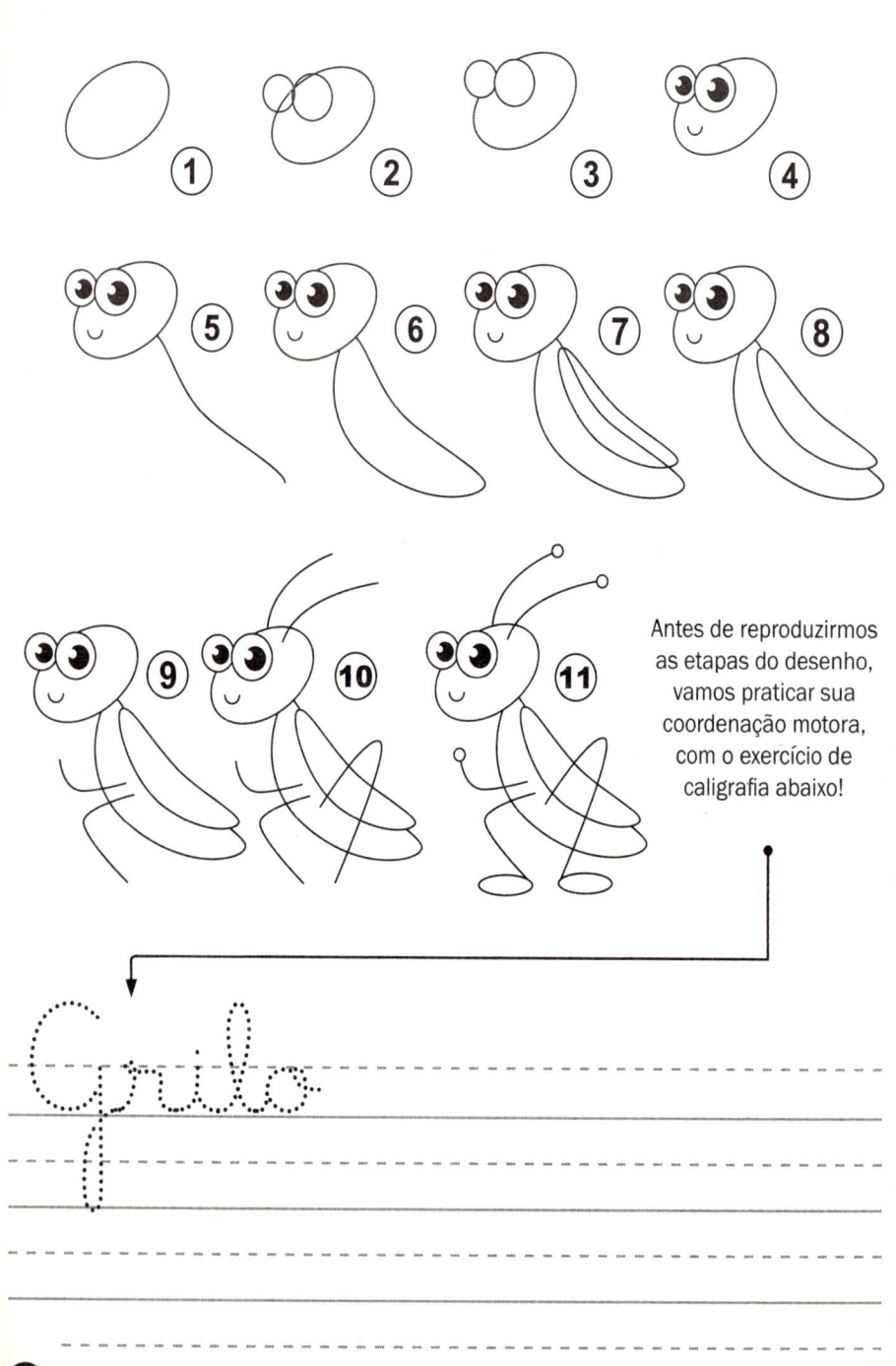

Preste muita atenção na sequência de ilustrações:

Antes de reproduzirmos as etapas do desenho, vamos praticar sua coordenação motora, com o exercício de caligrafia abaixo!

Grilo

Agora é sua vez, repita os passos e faça seu desenho!

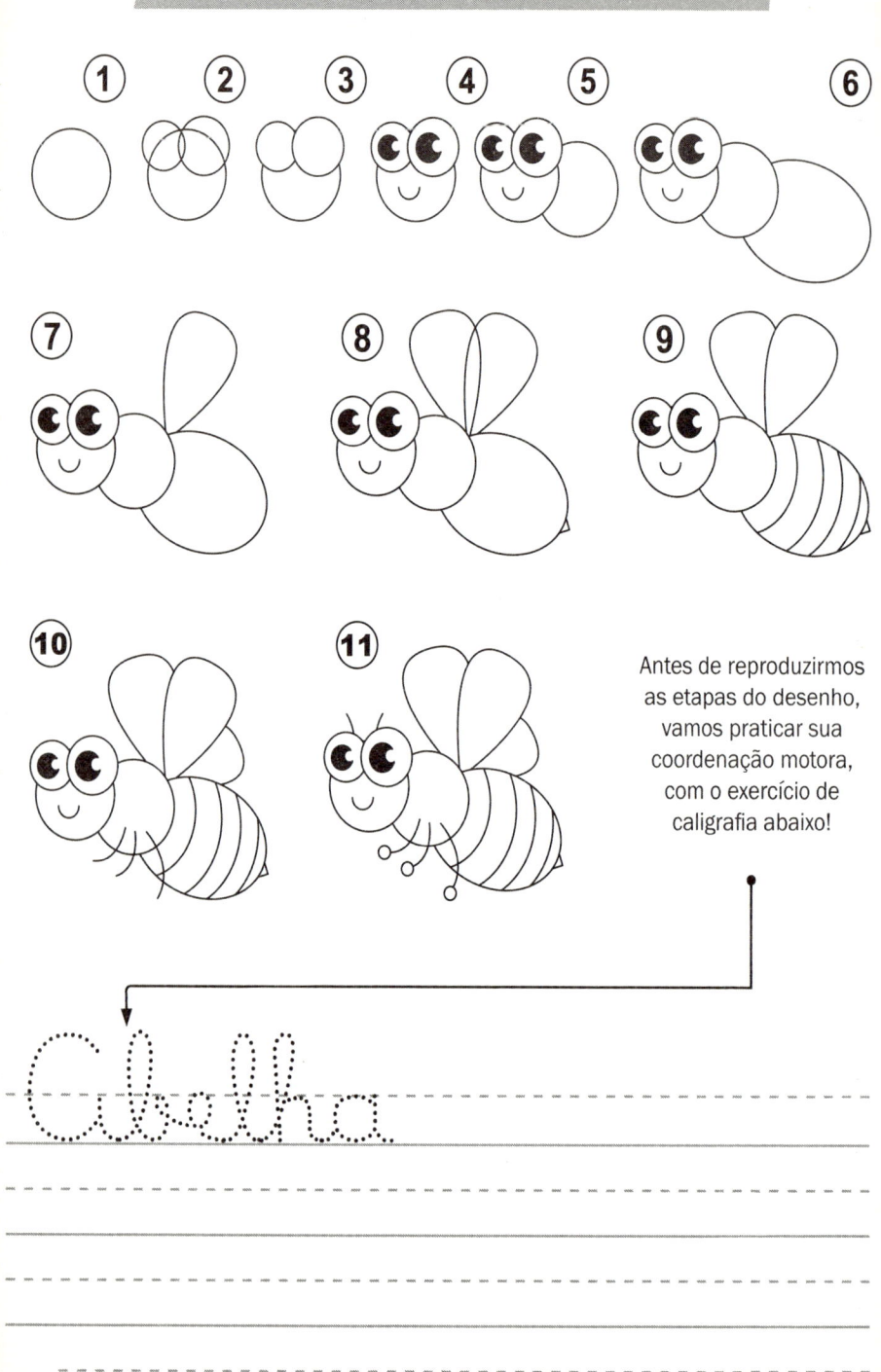

Preste muita atenção na sequência de ilustrações:

Antes de reproduzirmos as etapas do desenho, vamos praticar sua coordenação motora, com o exercício de caligrafia abaixo!

Abelha

Agora é sua vez, repita os passos e faça seu desenho!

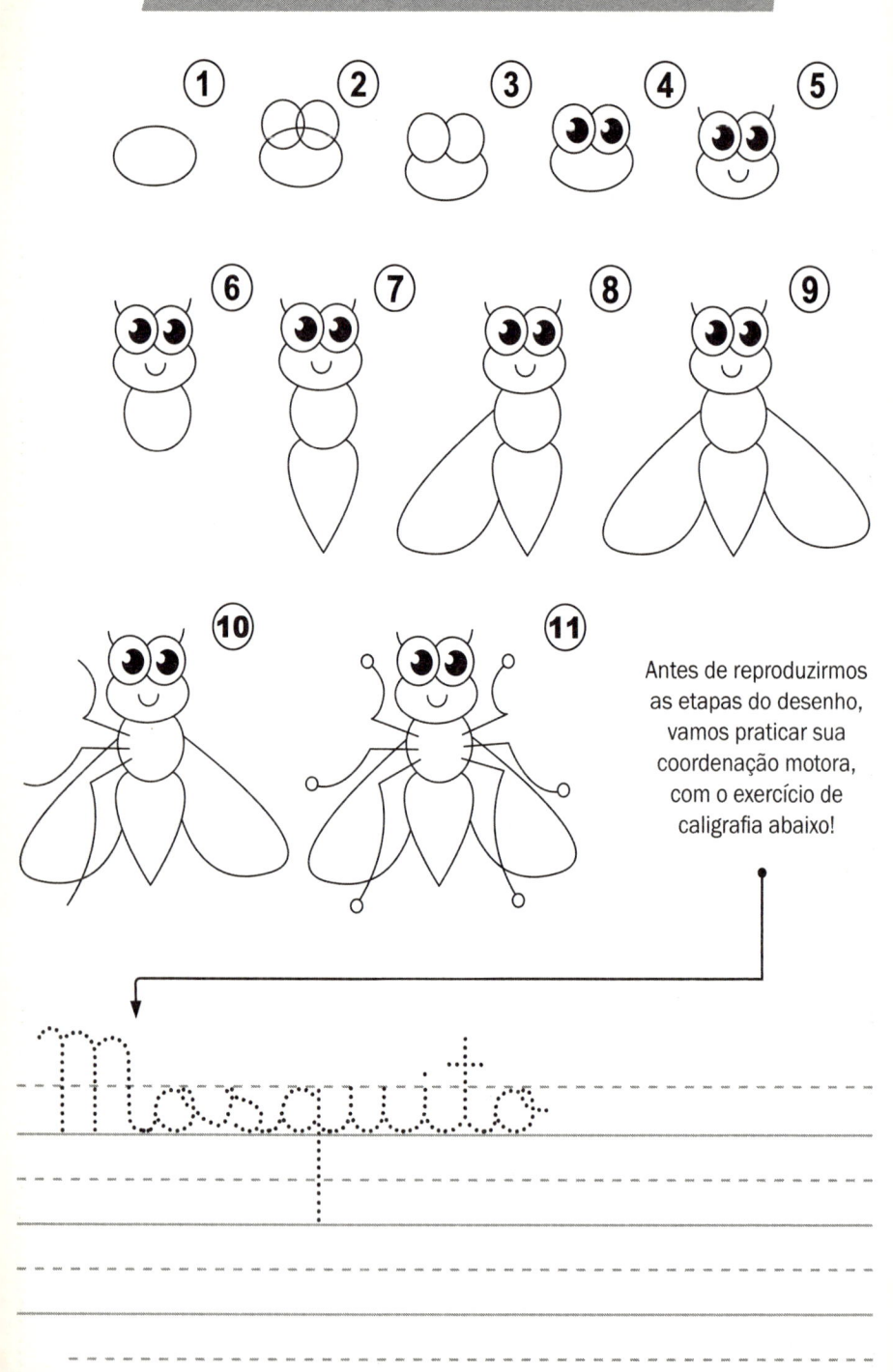

Preste muita atenção na sequência de ilustrações:

Antes de reproduzirmos as etapas do desenho, vamos praticar sua coordenação motora, com o exercício de caligrafia abaixo!

Mosquito

Agora é sua vez, repita os passos e faça seu desenho!

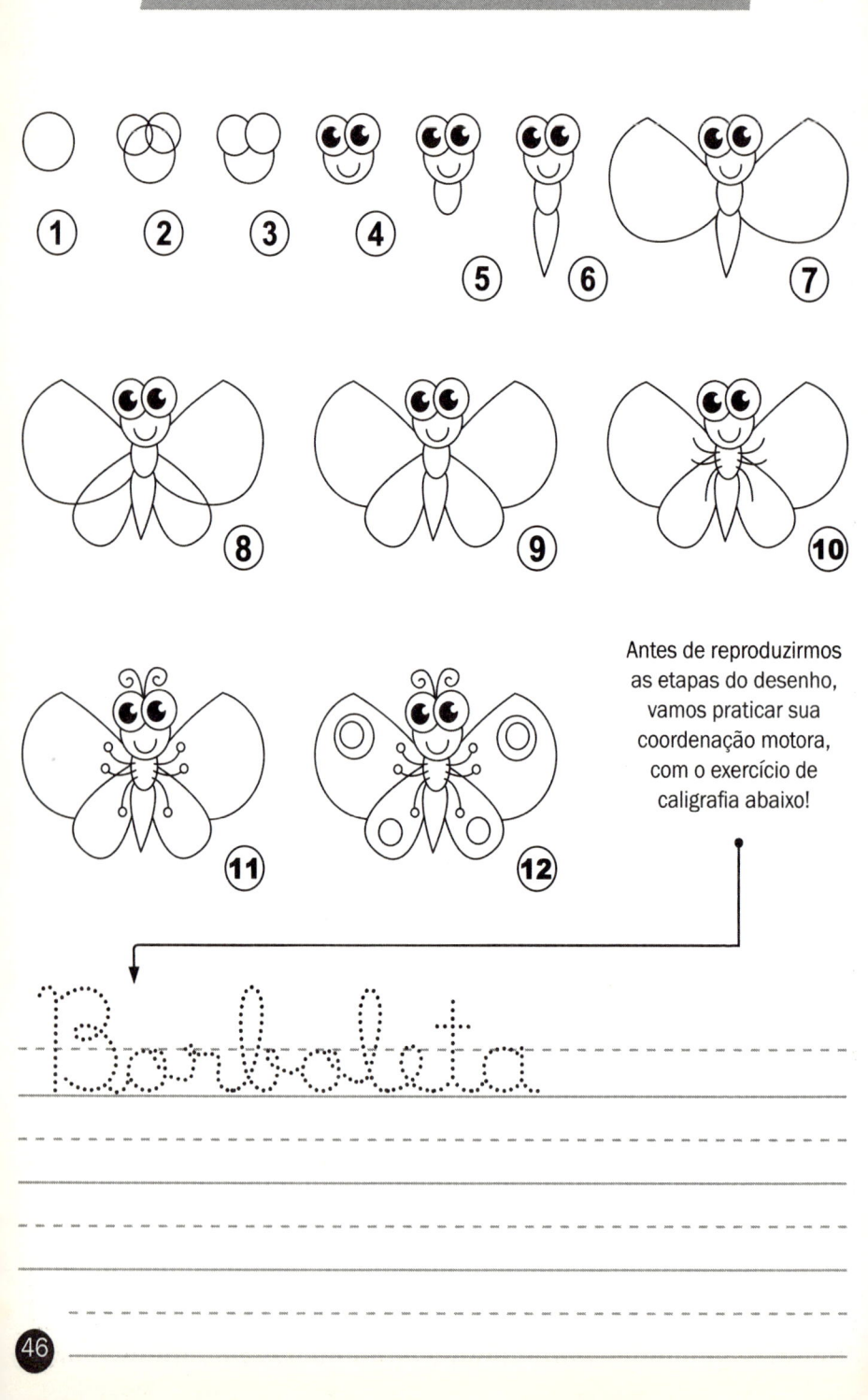

Preste muita atenção na sequência de ilustrações:

① ② ③ ④ ⑤ ⑥ ⑦
⑧ ⑨ ⑩
⑪ ⑫

Antes de reproduzirmos as etapas do desenho, vamos praticar sua coordenação motora, com o exercício de caligrafia abaixo!

Borboleta

Agora é sua vez, repita os passos e faça seu desenho!

Preste muita atenção na sequência de ilustrações:

Antes de reproduzirmos as etapas do desenho, vamos praticar sua coordenação motora, com o exercício de caligrafia abaixo!

Polvo

Agora é sua vez, repita os passos e faça seu desenho!

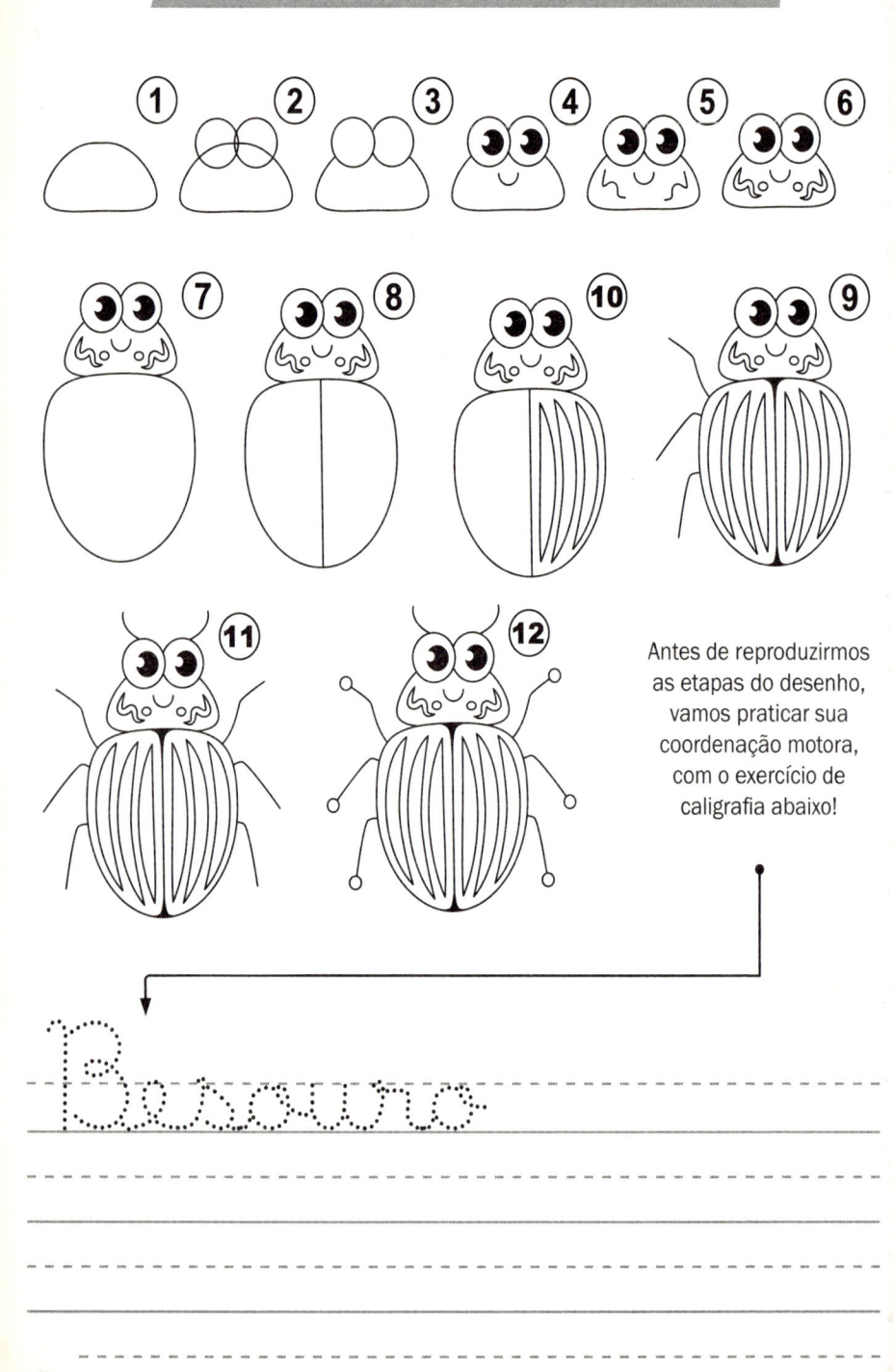

Preste muita atenção na sequência de ilustrações:

Antes de reproduzirmos as etapas do desenho, vamos praticar sua coordenação motora, com o exercício de caligrafia abaixo!

Besouro

Agora é sua vez, repita os passos e faça seu desenho!

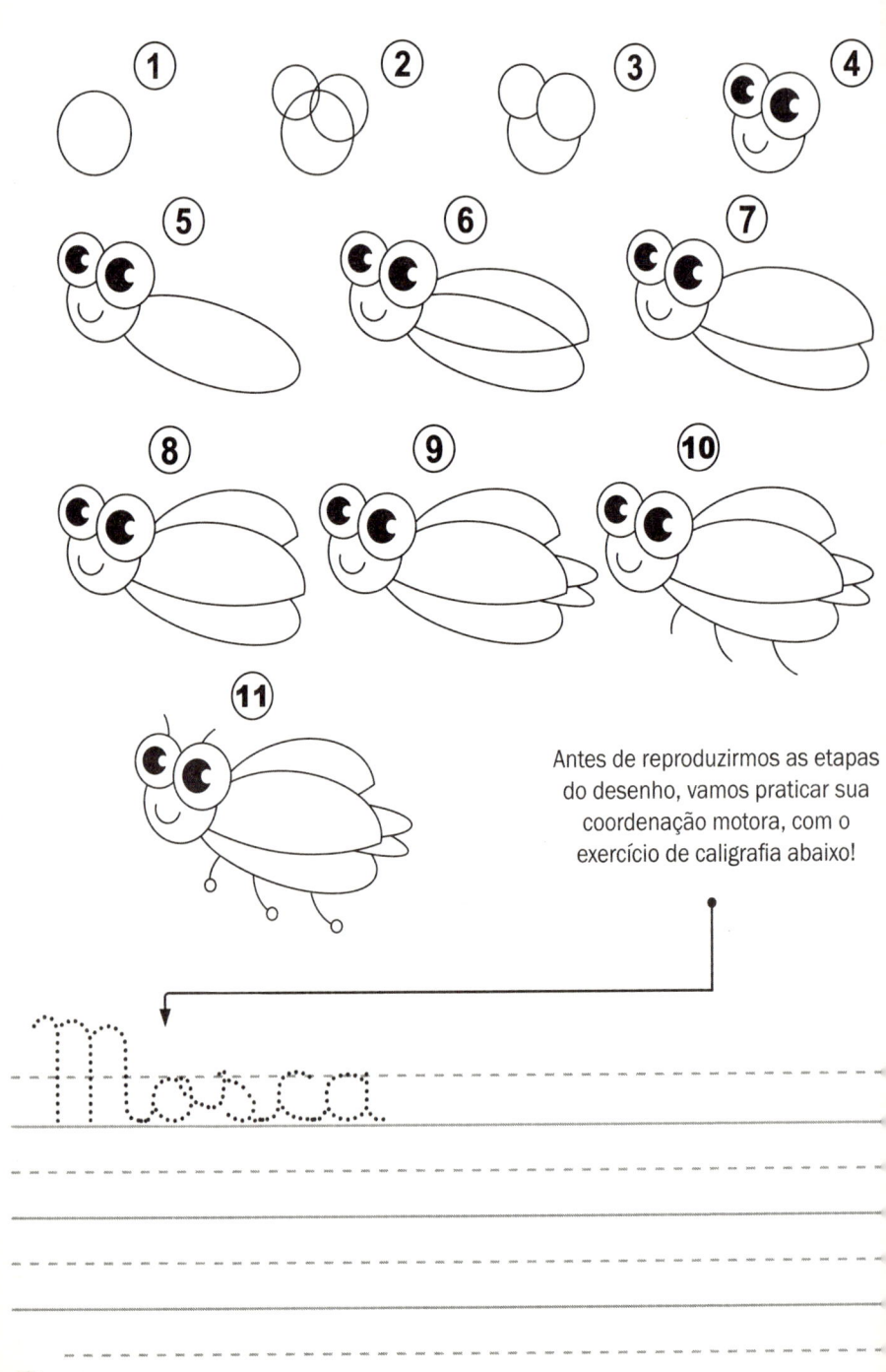

Preste muita atenção na sequência de ilustrações:

Antes de reproduzirmos as etapas do desenho, vamos praticar sua coordenação motora, com o exercício de caligrafia abaixo!

Mosca

Agora é sua vez, repita os passos e faça seu desenho!

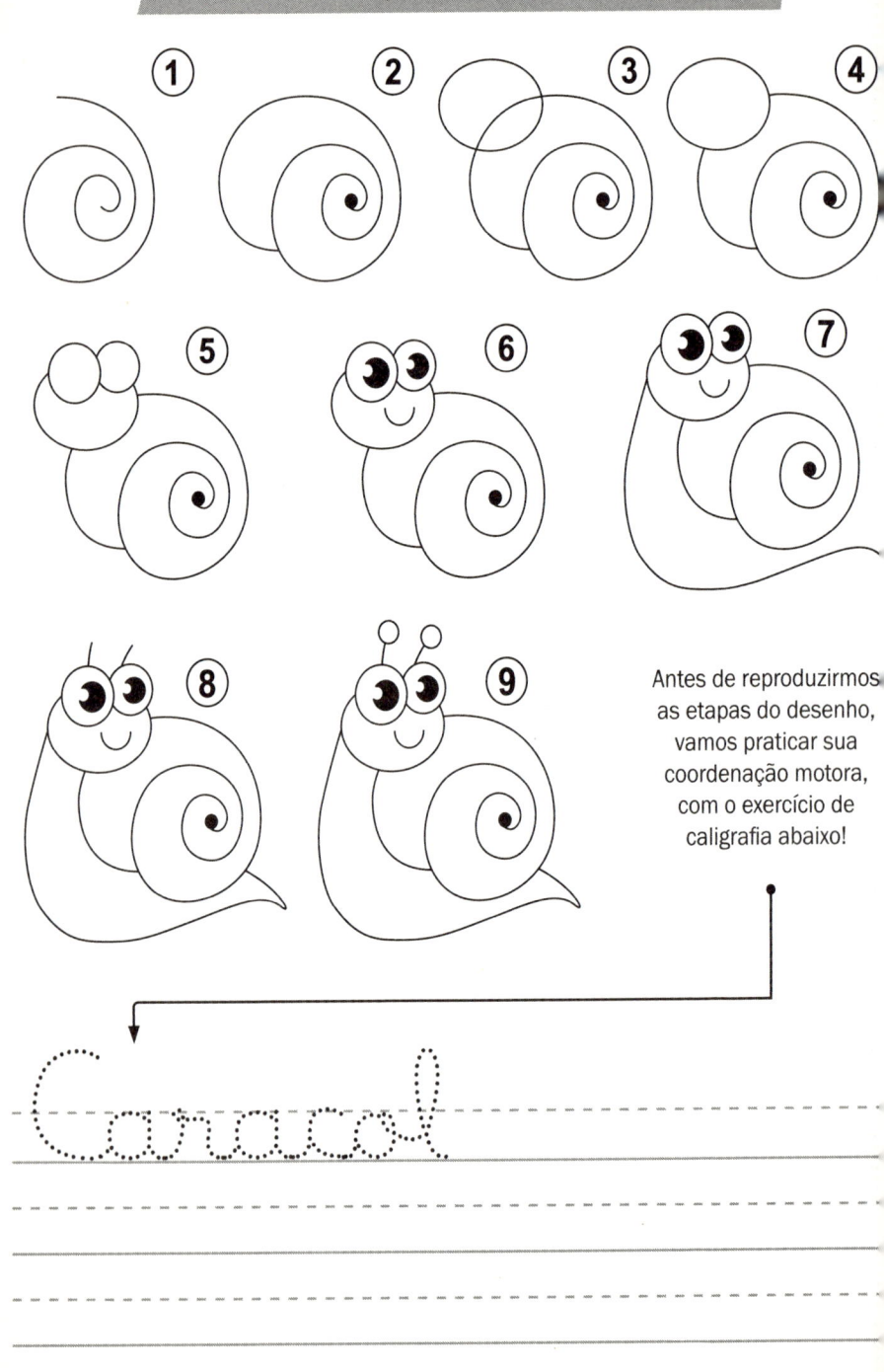

Preste muita atenção na sequência de ilustrações:

Antes de reproduzirmos as etapas do desenho, vamos praticar sua coordenação motora, com o exercício de caligrafia abaixo!

Caracol

Agora é sua vez, repita os passos e faça seu desenho!

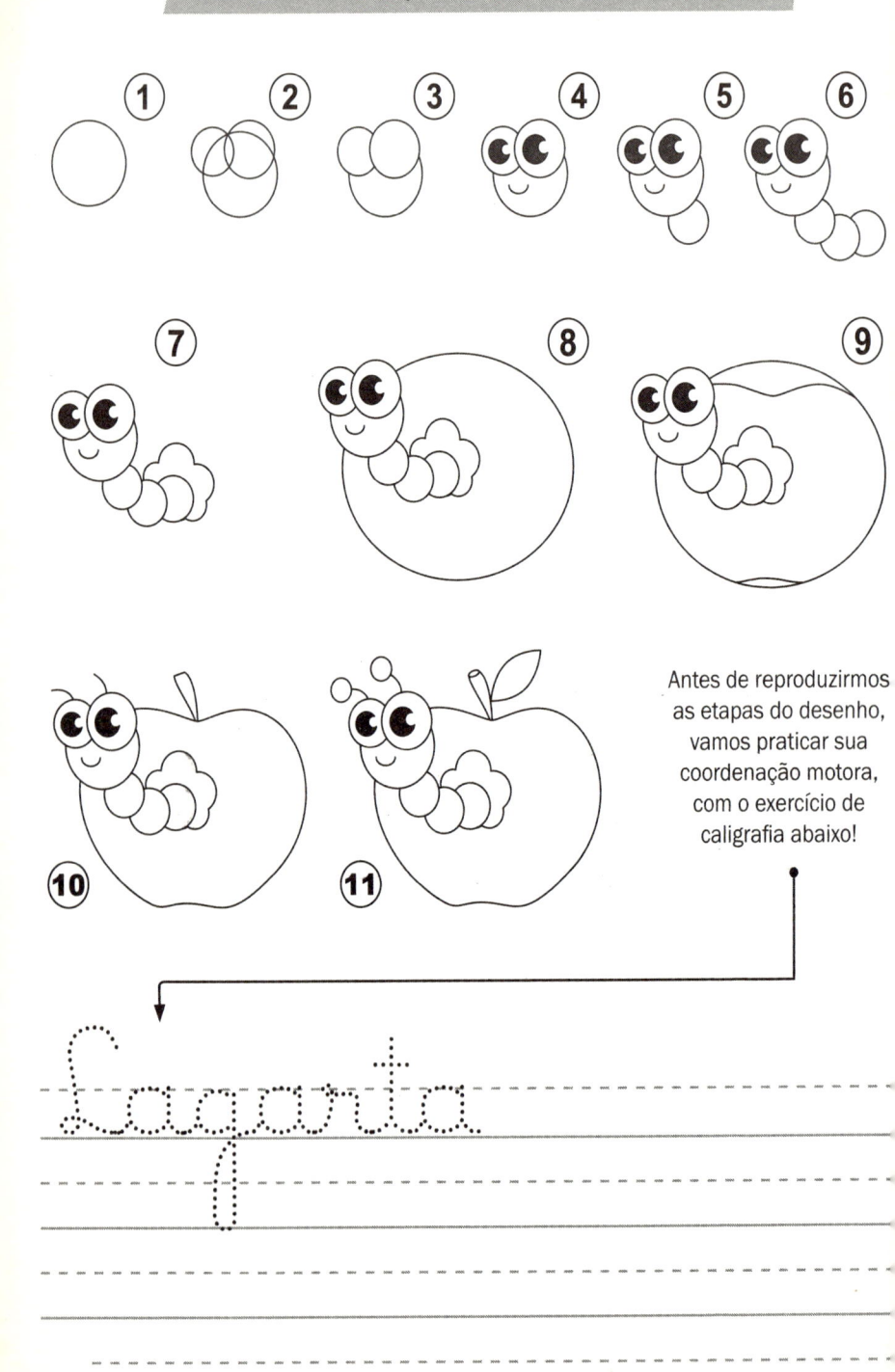

Preste muita atenção na sequência de ilustrações:

Antes de reproduzirmos as etapas do desenho, vamos praticar sua coordenação motora, com o exercício de caligrafia abaixo!

Lagarta

Agora é sua vez, repita os passos e faça seu desenho!

Preste muita atenção na sequência de ilustrações:

Antes de reproduzirmos as etapas do desenho, vamos praticar sua coordenação motora, com o exercício de caligrafia abaixo!

Pintinho

Agora é sua vez, repita os passos e faça seu desenho!

Preste muita atenção na sequência de ilustrações:

Antes de reproduzirmos as etapas do desenho, vamos praticar sua coordenação motora, com o exercício de caligrafia abaixo!

Galo

Agora é sua vez, repita os passos e faça seu desenho!

Preste muita atenção na sequência de ilustrações:

Antes de reproduzirmos as etapas do desenho, vamos praticar sua coordenação motora, com o exercício de caligrafia abaixo!

Cachorro

Agora é sua vez, repita os passos e faça seu desenho!

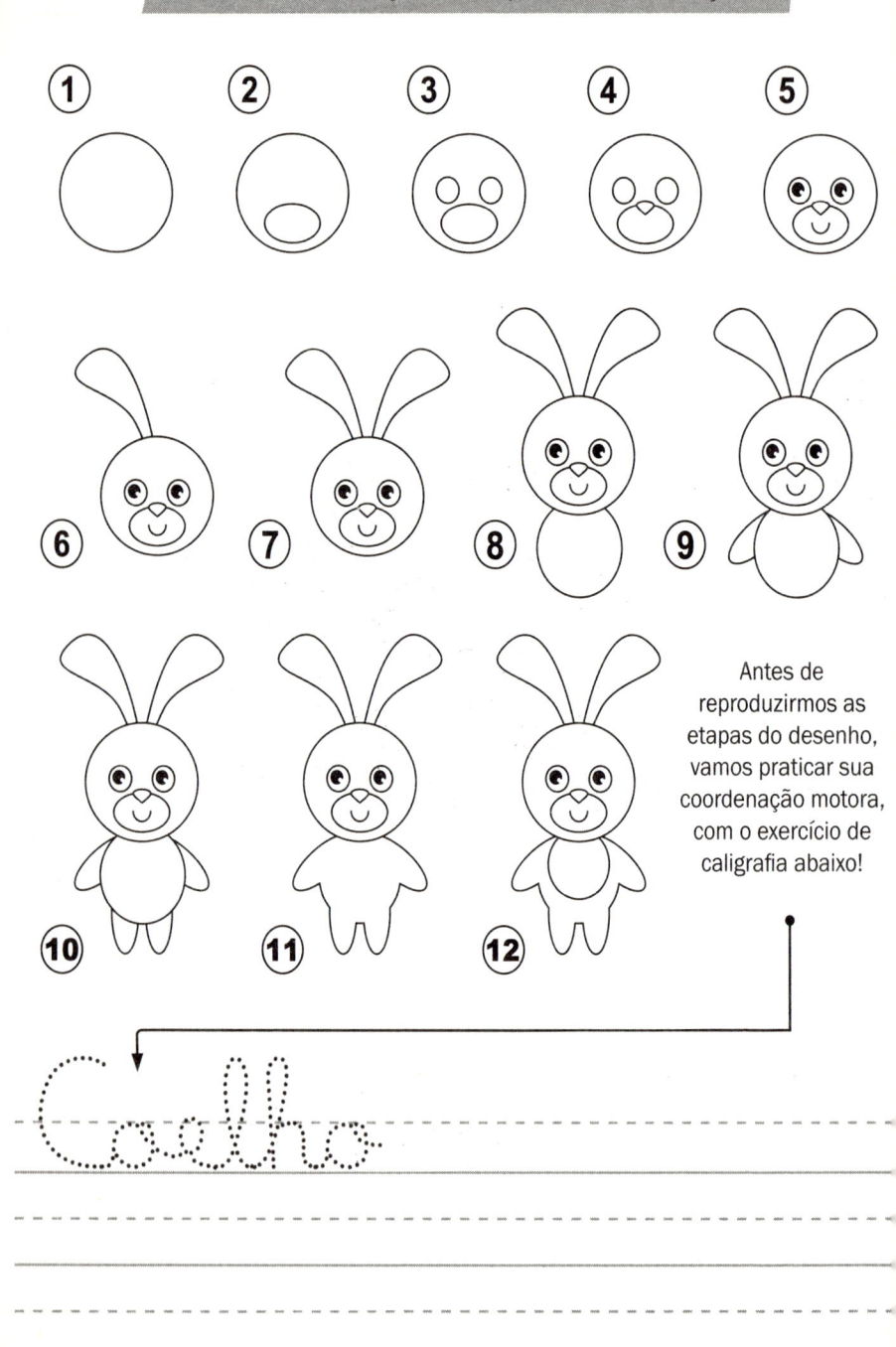

Preste muita atenção na sequência de ilustrações:

Antes de reproduzirmos as etapas do desenho, vamos praticar sua coordenação motora, com o exercício de caligrafia abaixo!

Coelho

Agora é sua vez, repita os passos e faça seu desenho!

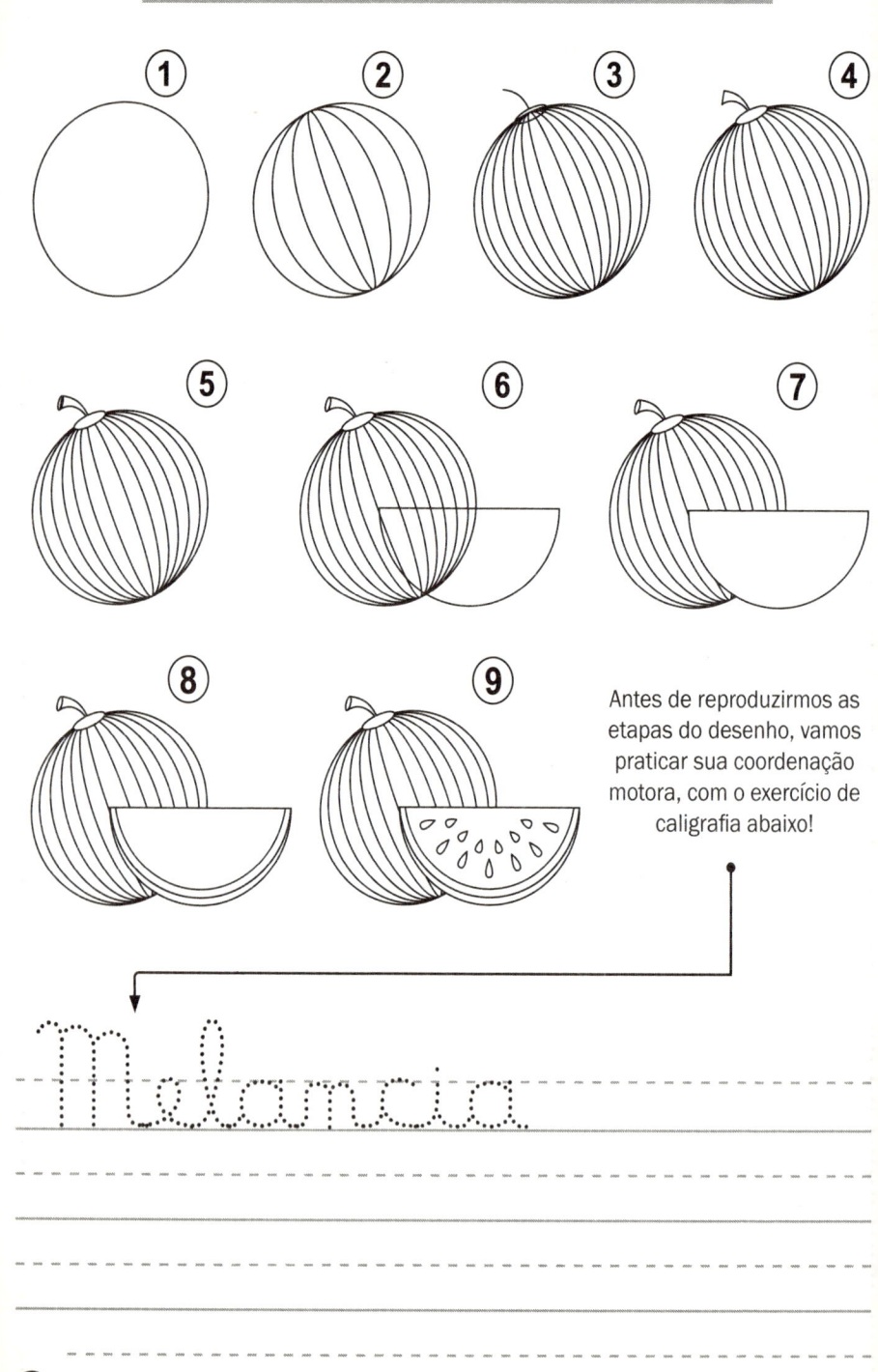

Preste muita atenção na sequência de ilustrações:

Antes de reproduzirmos as etapas do desenho, vamos praticar sua coordenação motora, com o exercício de caligrafia abaixo!

Melancia

Agora é sua vez, repita os passos e faça seu desenho!

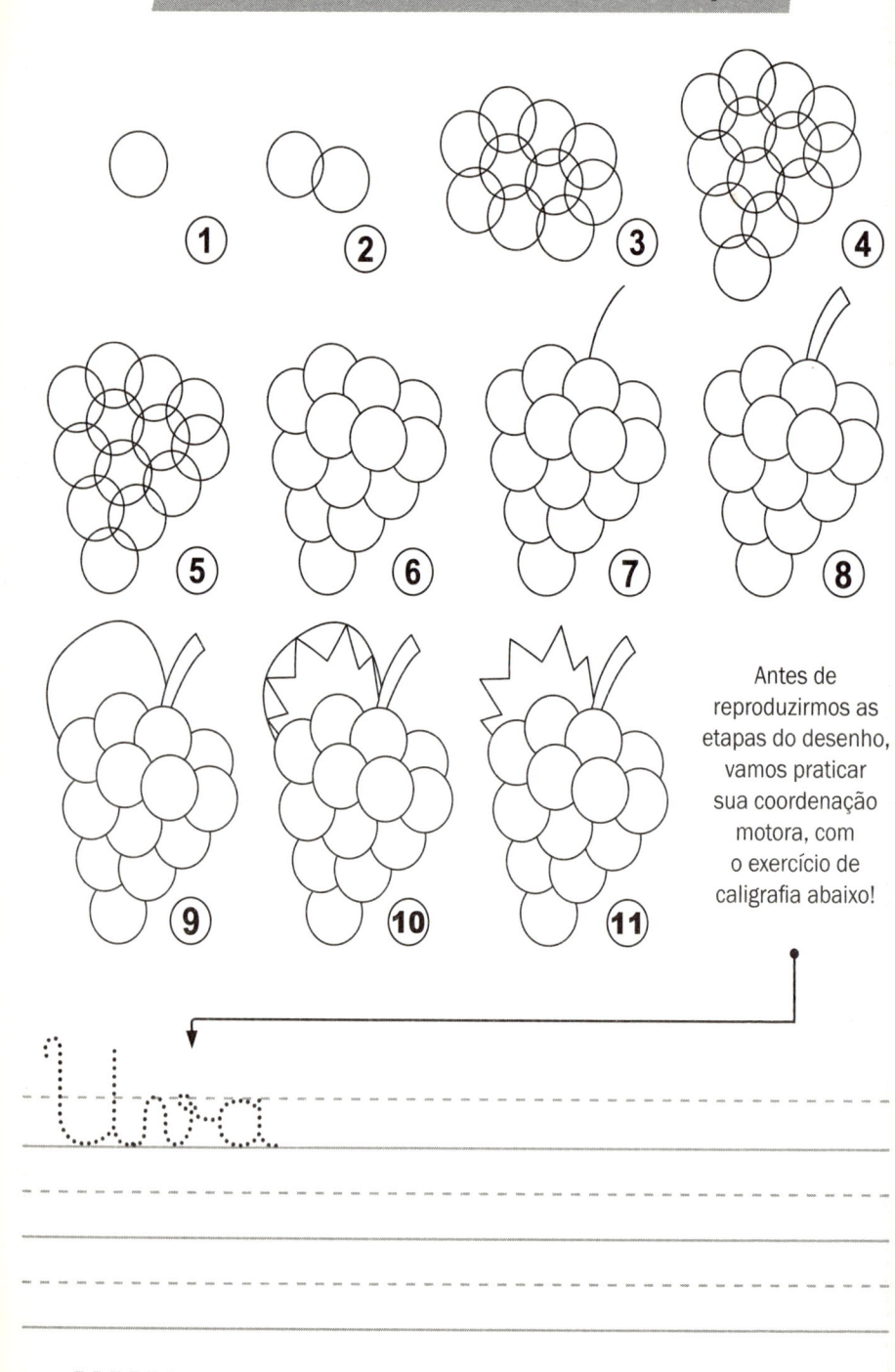

Preste muita atenção na sequência de ilustrações:

① ② ③ ④
⑤ ⑥ ⑦ ⑧
⑨ ⑩ ⑪

Antes de reproduzirmos as etapas do desenho, vamos praticar sua coordenação motora, com o exercício de caligrafia abaixo!

Uva

Agora é sua vez, repita os passos e faça seu desenho!

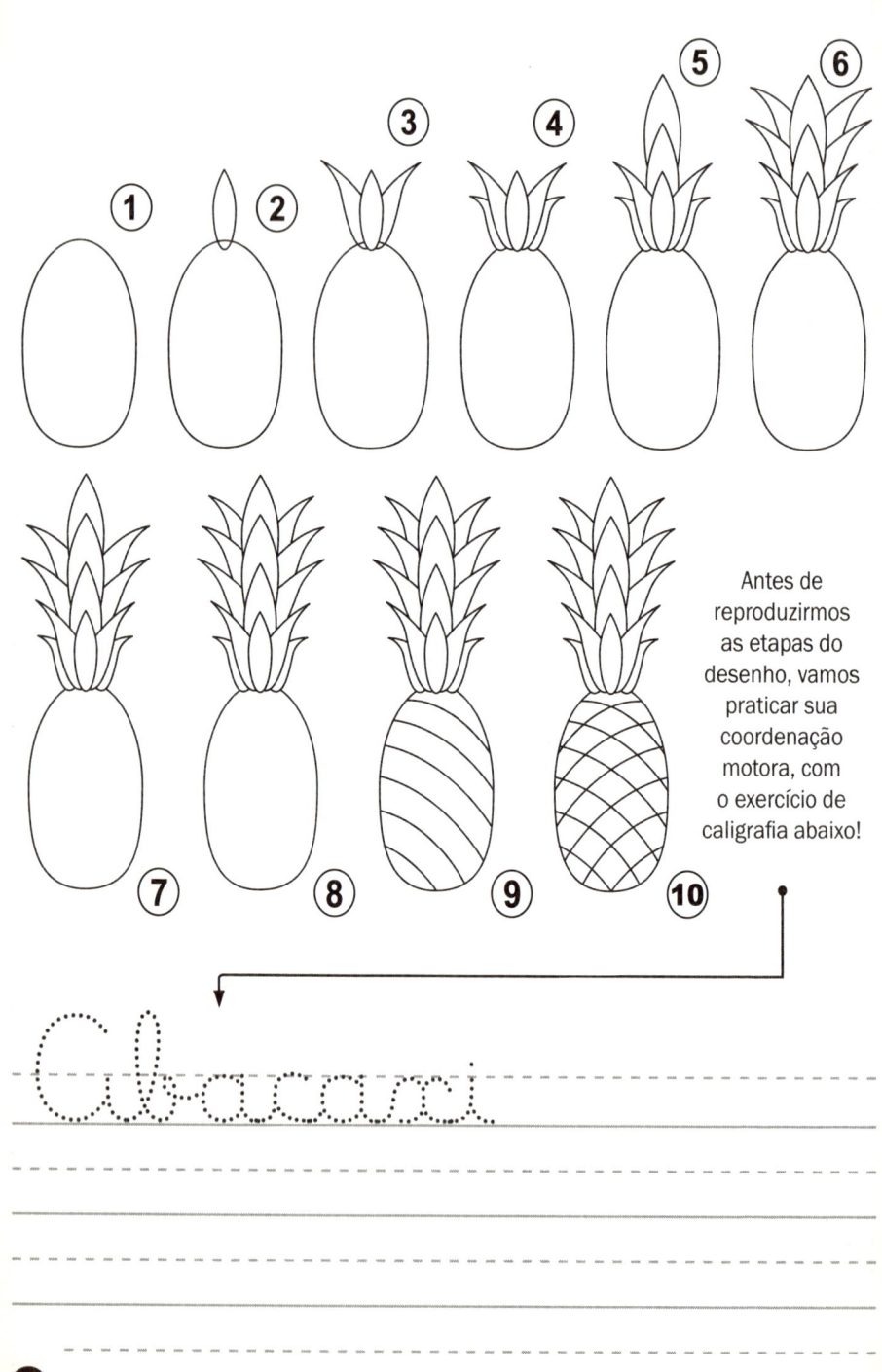

Preste muita atenção na sequência de ilustrações:

Antes de reproduzirmos as etapas do desenho, vamos praticar sua coordenação motora, com o exercício de caligrafia abaixo!

Abacaxi

Agora é sua vez, repita os passos e faça seu desenho!

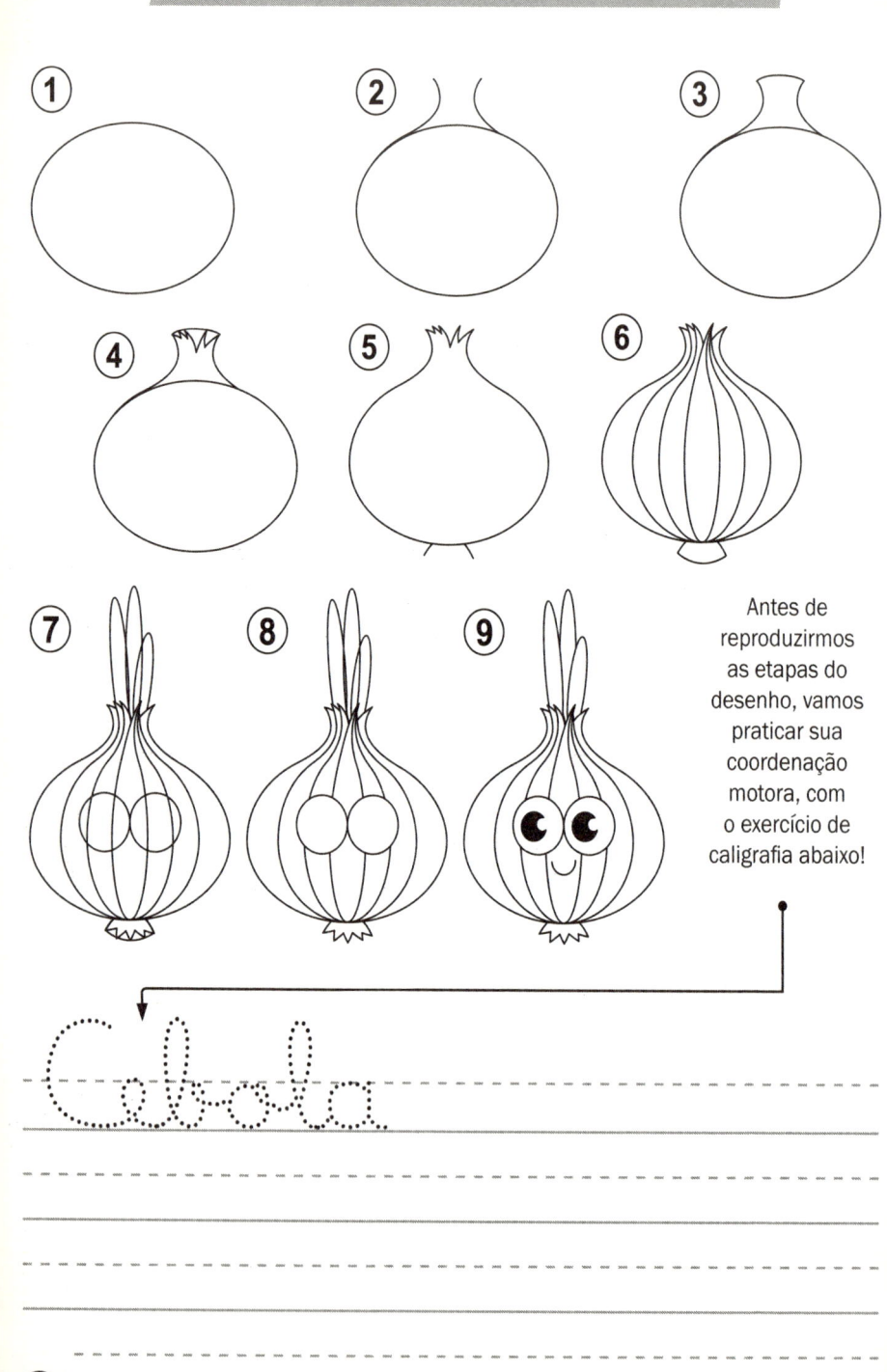

Preste muita atenção na sequência de ilustrações:

Antes de reproduzirmos as etapas do desenho, vamos praticar sua coordenação motora, com o exercício de caligrafia abaixo!

Cebola

Agora é sua vez, repita os passos e faça seu desenho!

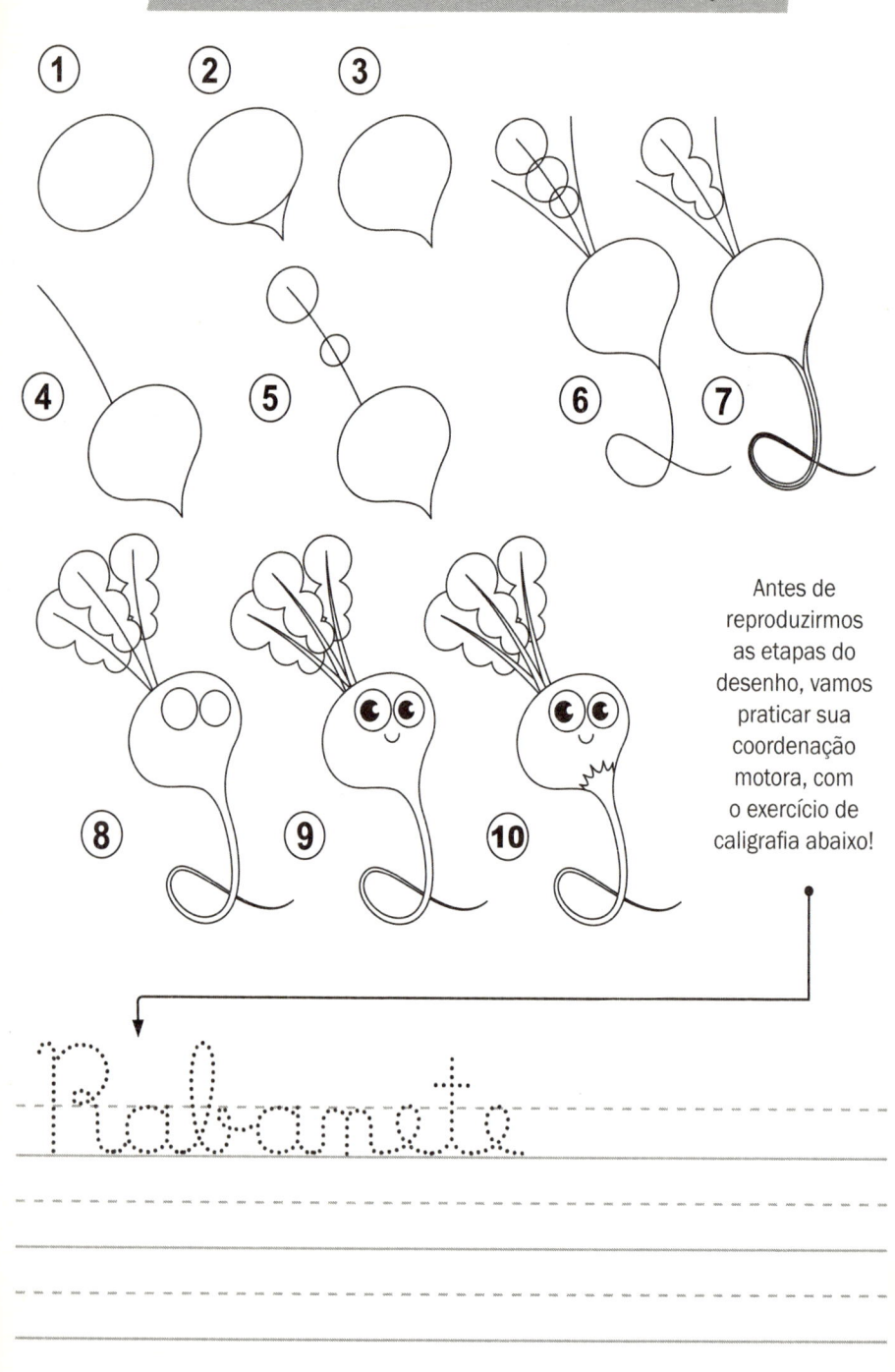

Preste muita atenção na sequência de ilustrações:

① ② ③ ④ ⑤ ⑥ ⑦ ⑧ ⑨ ⑩

Antes de reproduzirmos as etapas do desenho, vamos praticar sua coordenação motora, com o exercício de caligrafia abaixo!

Rabanete

Agora é sua vez, repita os passos e faça seu desenho!

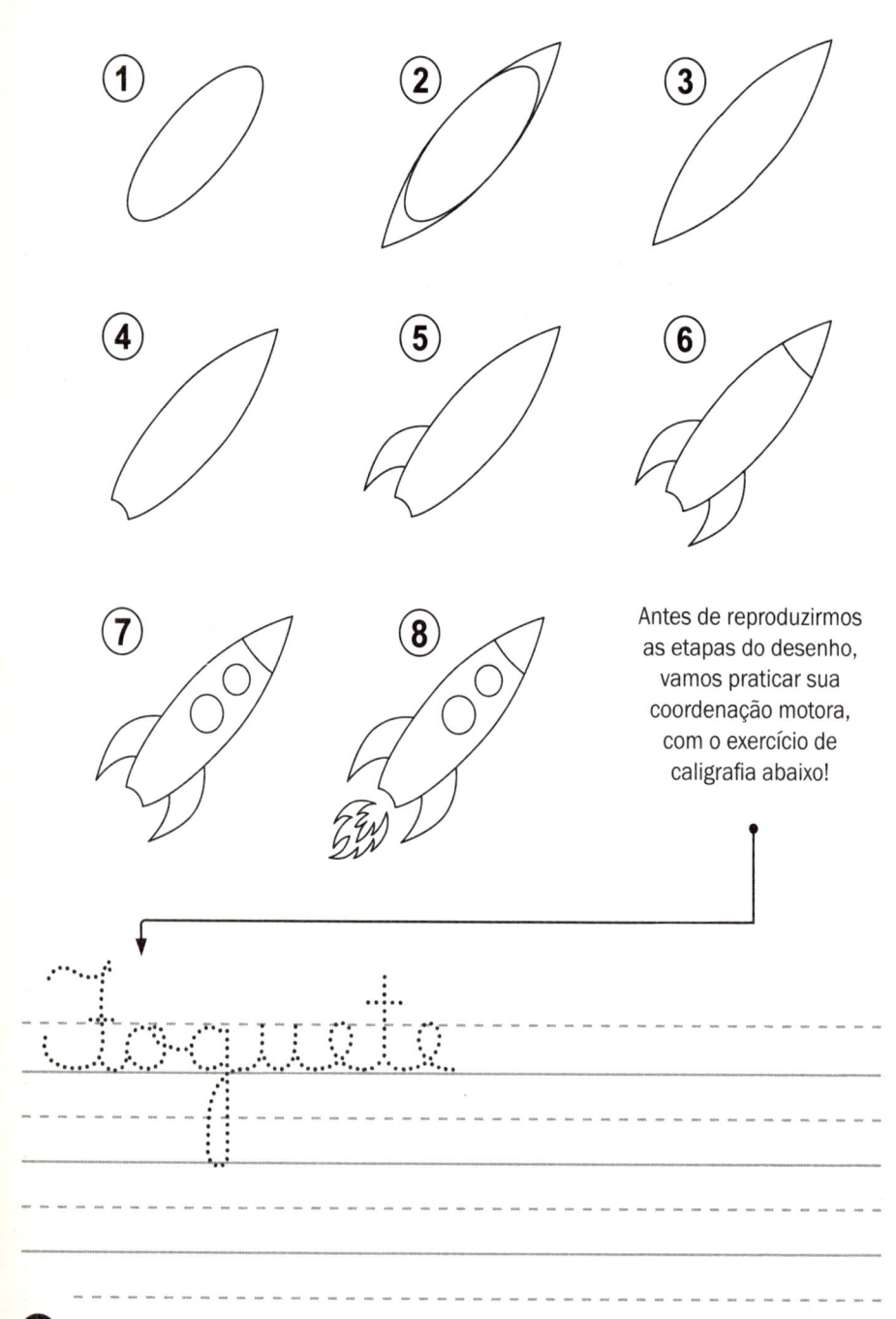

Preste muita atenção na sequência de ilustrações:

① ② ③

④ ⑤ ⑥

⑦ ⑧

Antes de reproduzirmos as etapas do desenho, vamos praticar sua coordenação motora, com o exercício de caligrafia abaixo!

Foguete

Agora é sua vez, repita os passos e faça seu desenho!

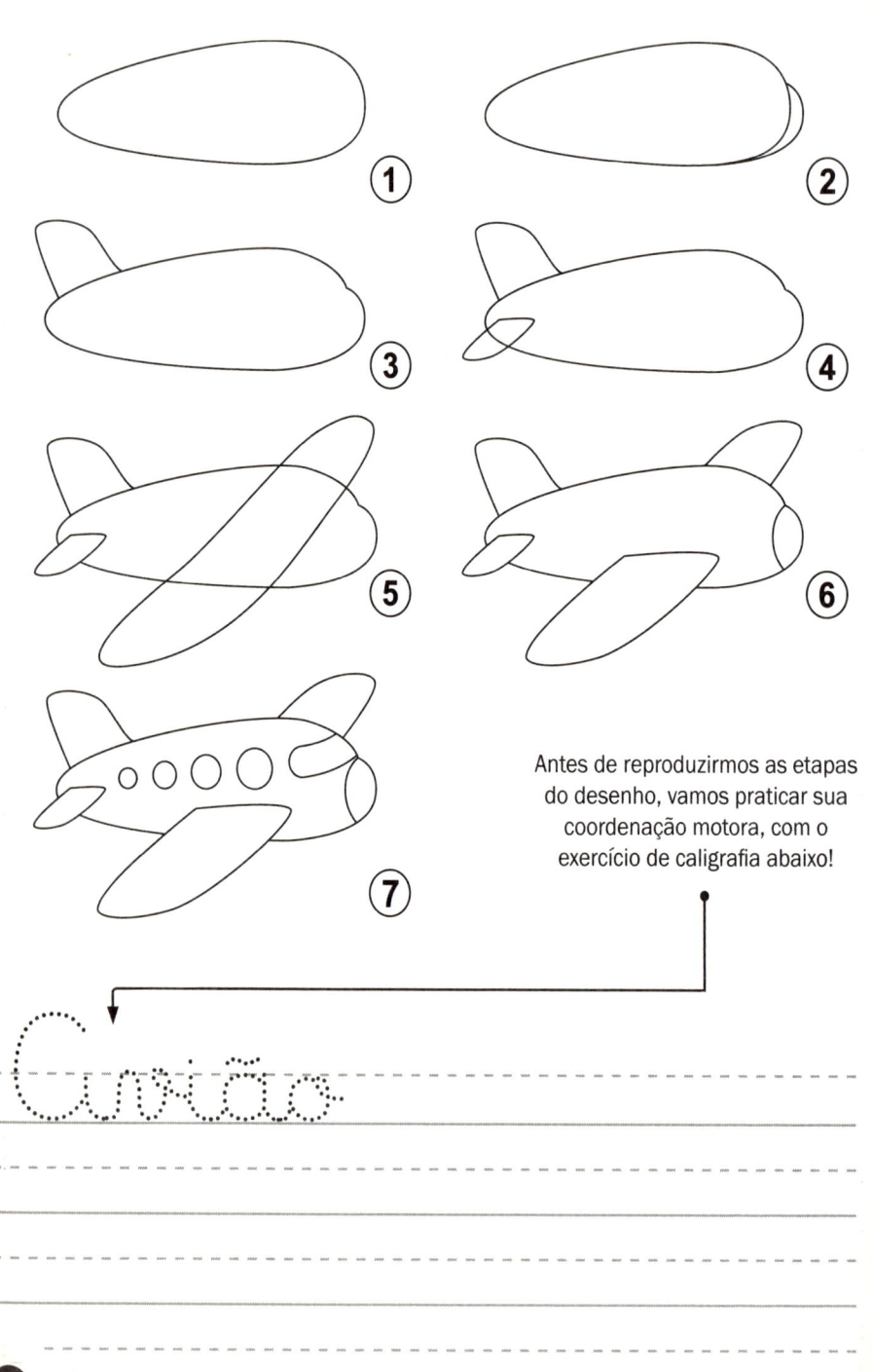

Preste muita atenção na sequência de ilustrações:

① ② ③ ④ ⑤ ⑥ ⑦

Antes de reproduzirmos as etapas do desenho, vamos praticar sua coordenação motora, com o exercício de caligrafia abaixo!

Avião

Agora é sua vez, repita os passos e faça seu desenho!

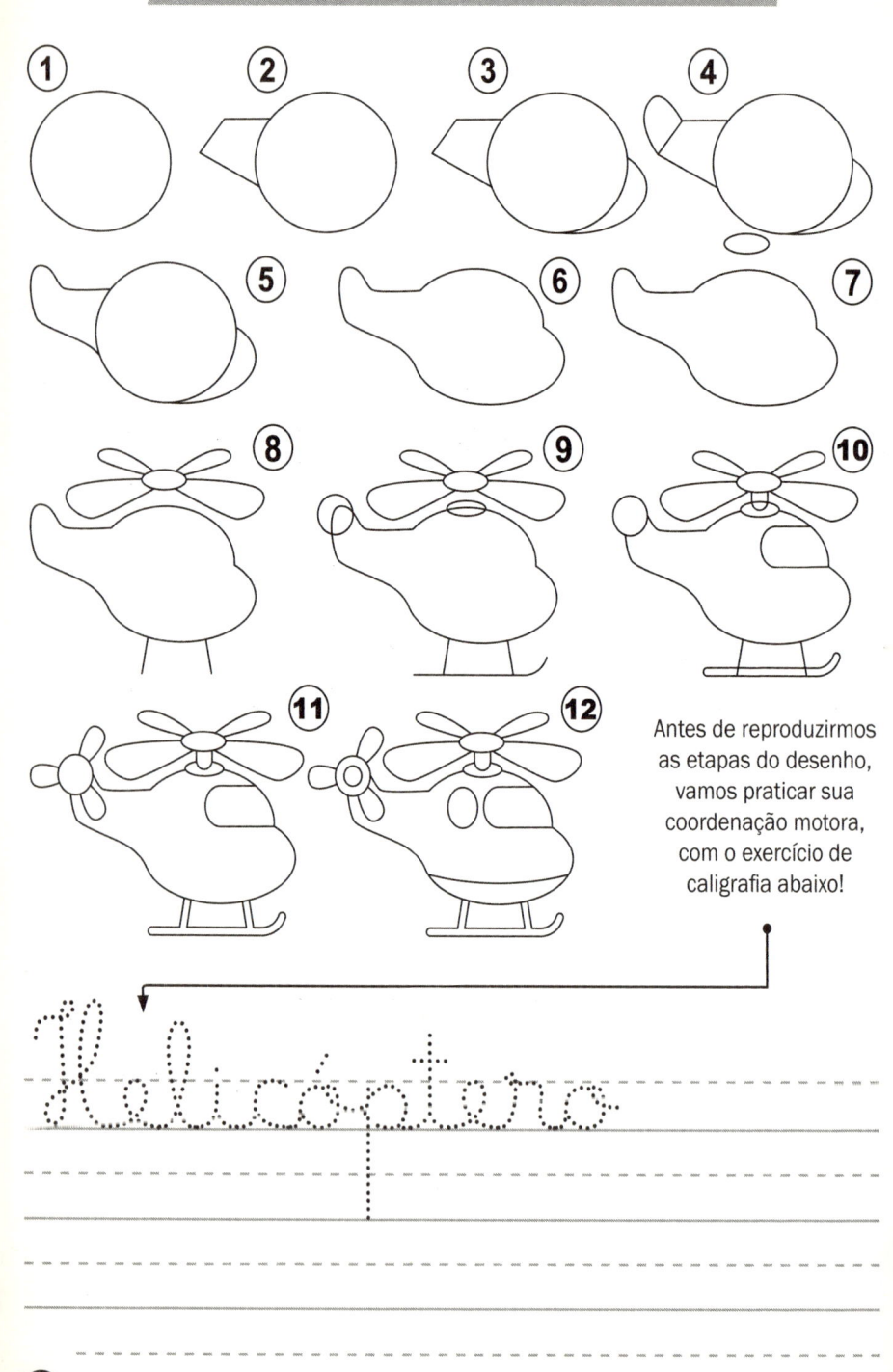

Preste muita atenção na sequência de ilustrações:

Antes de reproduzirmos as etapas do desenho, vamos praticar sua coordenação motora, com o exercício de caligrafia abaixo!

Helicóptero

Agora é sua vez, repita os passos e faça seu desenho!

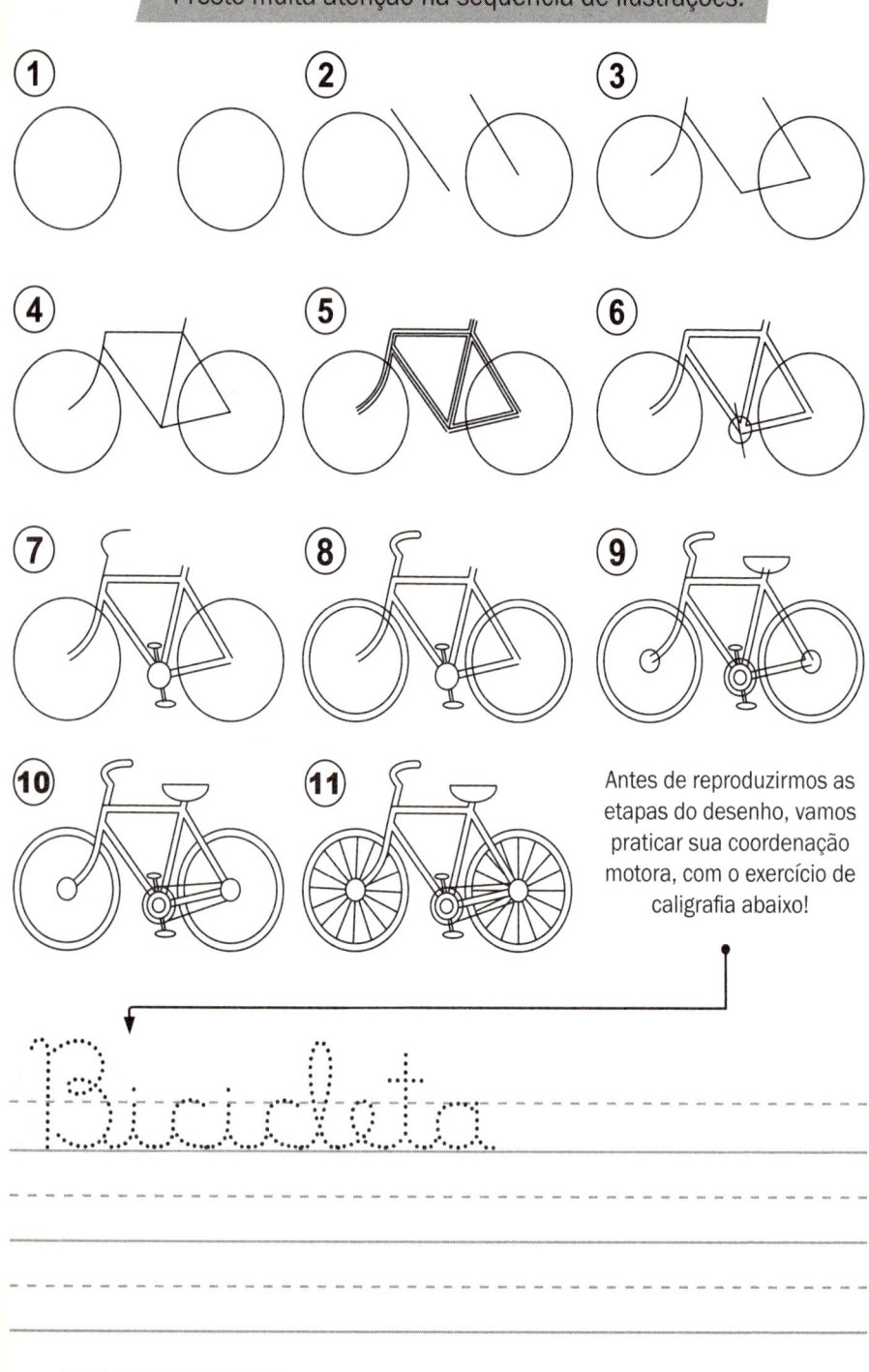

Preste muita atenção na sequência de ilustrações:

Antes de reproduzirmos as etapas do desenho, vamos praticar sua coordenação motora, com o exercício de caligrafia abaixo!

Bicicleta

Agora é sua vez, repita os passos e faça seu desenho!

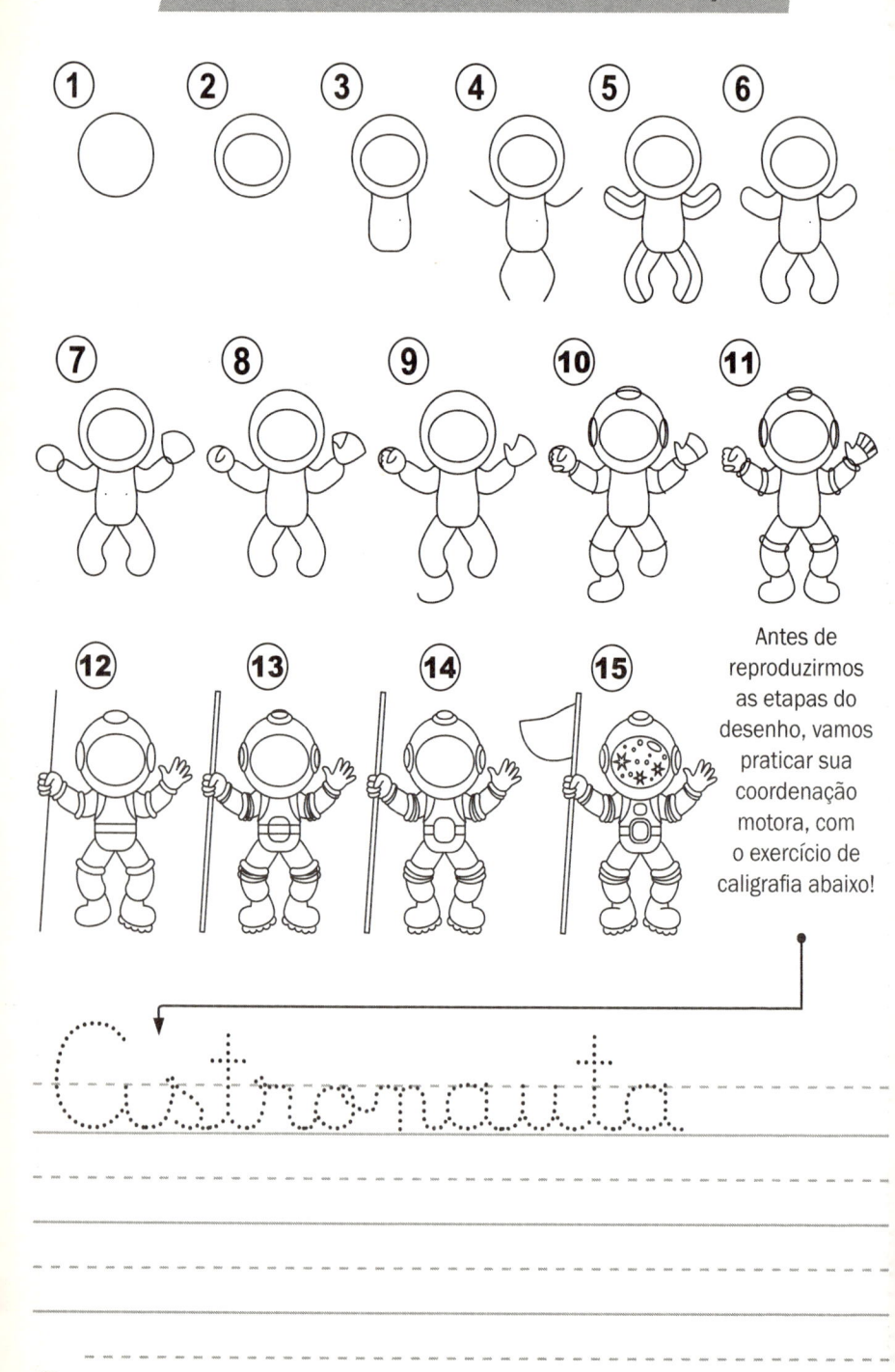

Preste muita atenção na sequência de ilustrações:

Antes de reproduzirmos as etapas do desenho, vamos praticar sua coordenação motora, com o exercício de caligrafia abaixo!

Astronauta

Agora é sua vez, repita os passos e faça seu desenho!

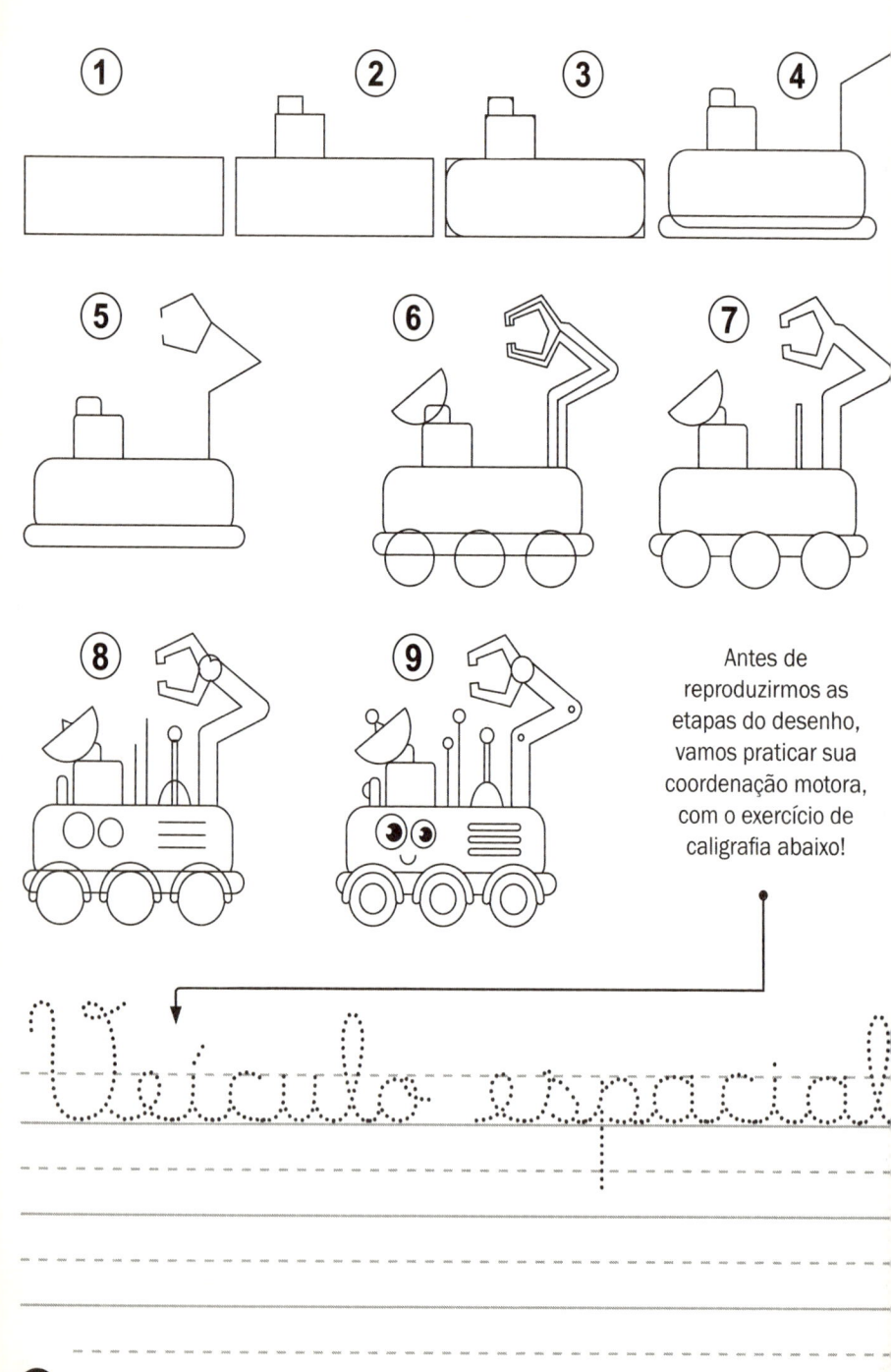

Preste muita atenção na sequência de ilustrações:

Antes de reproduzirmos as etapas do desenho, vamos praticar sua coordenação motora, com o exercício de caligrafia abaixo!

Veículo espacial

Agora é sua vez, repita os passos e faça seu desenho!

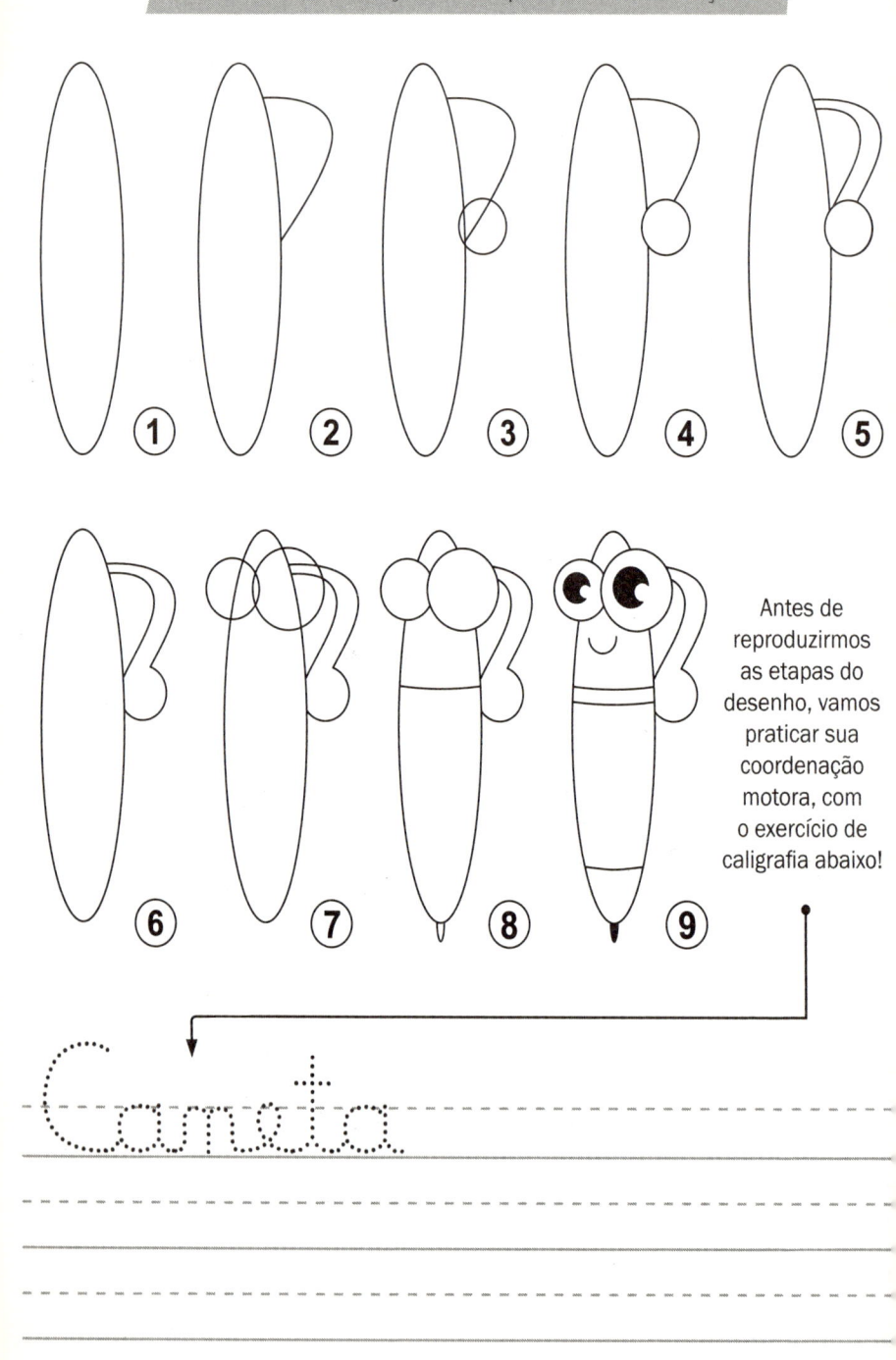

Preste muita atenção na sequência de ilustrações:

① ② ③ ④ ⑤

⑥ ⑦ ⑧ ⑨

Antes de reproduzirmos as etapas do desenho, vamos praticar sua coordenação motora, com o exercício de caligrafia abaixo!

Caneta

Agora é sua vez, repita os passos e faça seu desenho!

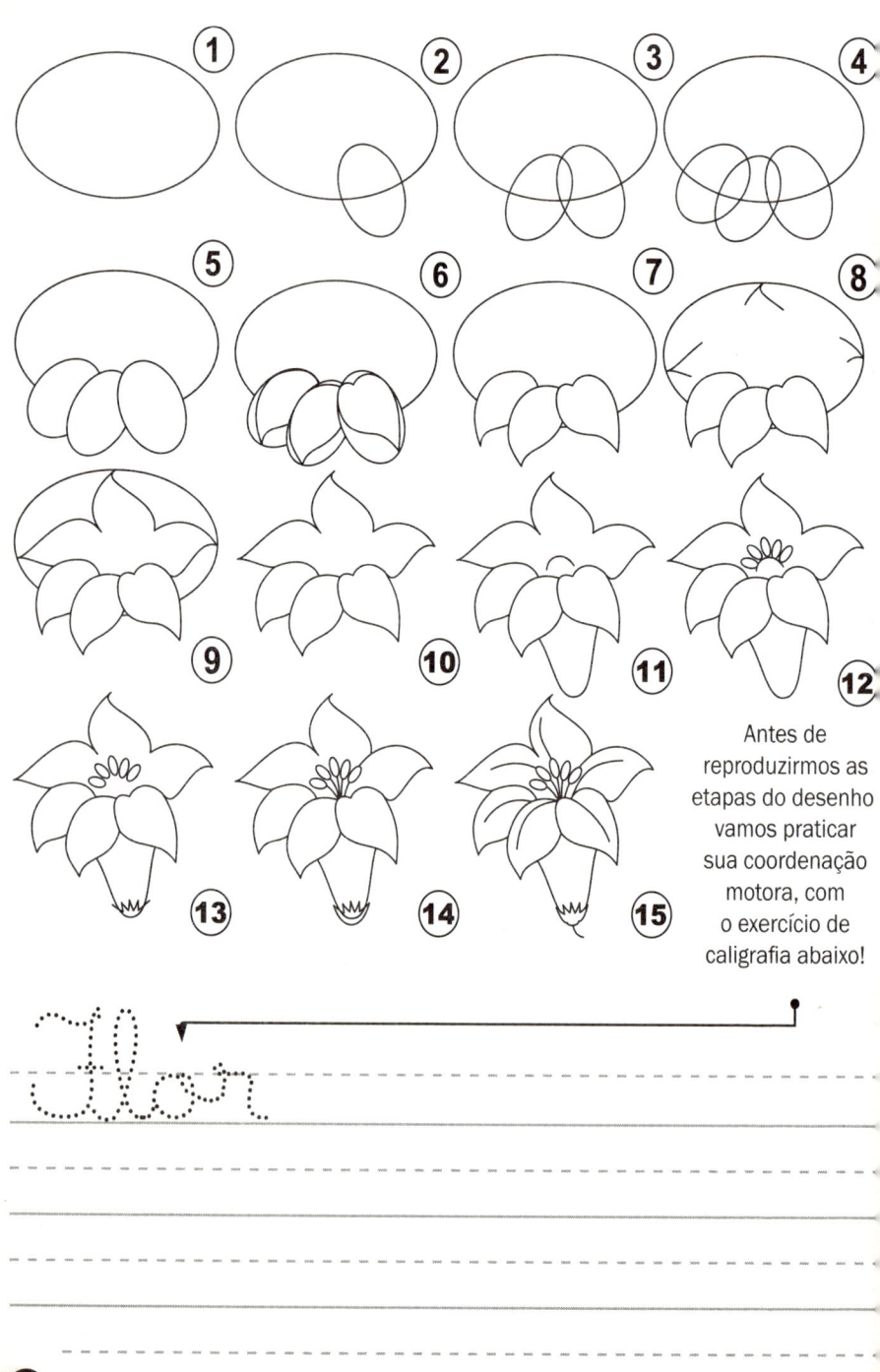

Preste muita atenção na sequência de ilustrações:

Antes de reproduzirmos as etapas do desenho vamos praticar sua coordenação motora, com o exercício de caligrafia abaixo!

Flor

Agora é sua vez, repita os passos e faça seu desenho!

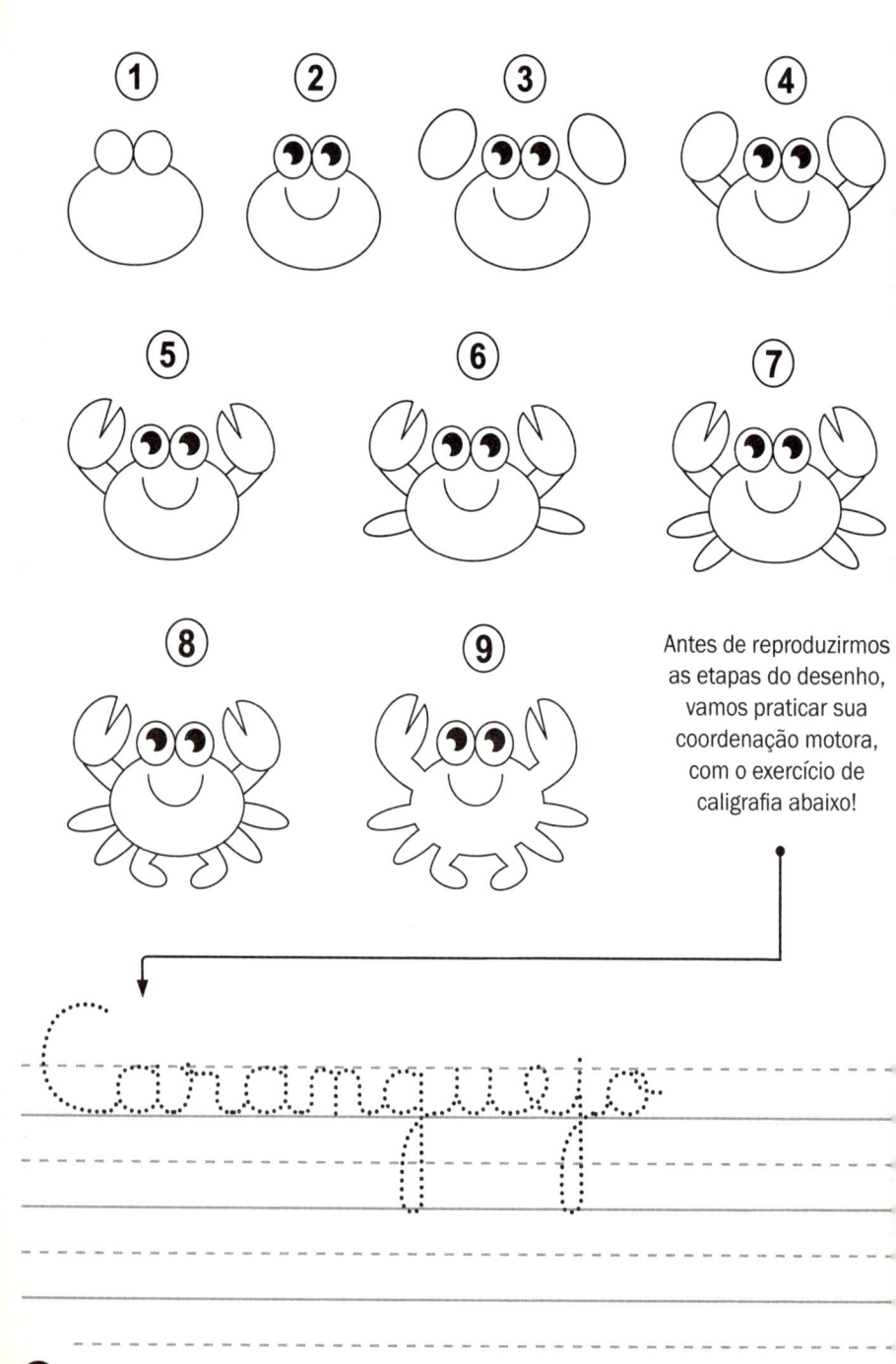

Preste muita atenção na sequência de ilustrações:

① ② ③ ④

⑤ ⑥ ⑦

⑧ ⑨

Antes de reproduzirmos as etapas do desenho, vamos praticar sua coordenação motora, com o exercício de caligrafia abaixo!

Caranguejo

Agora é sua vez, repita os passos e faça seu desenho!

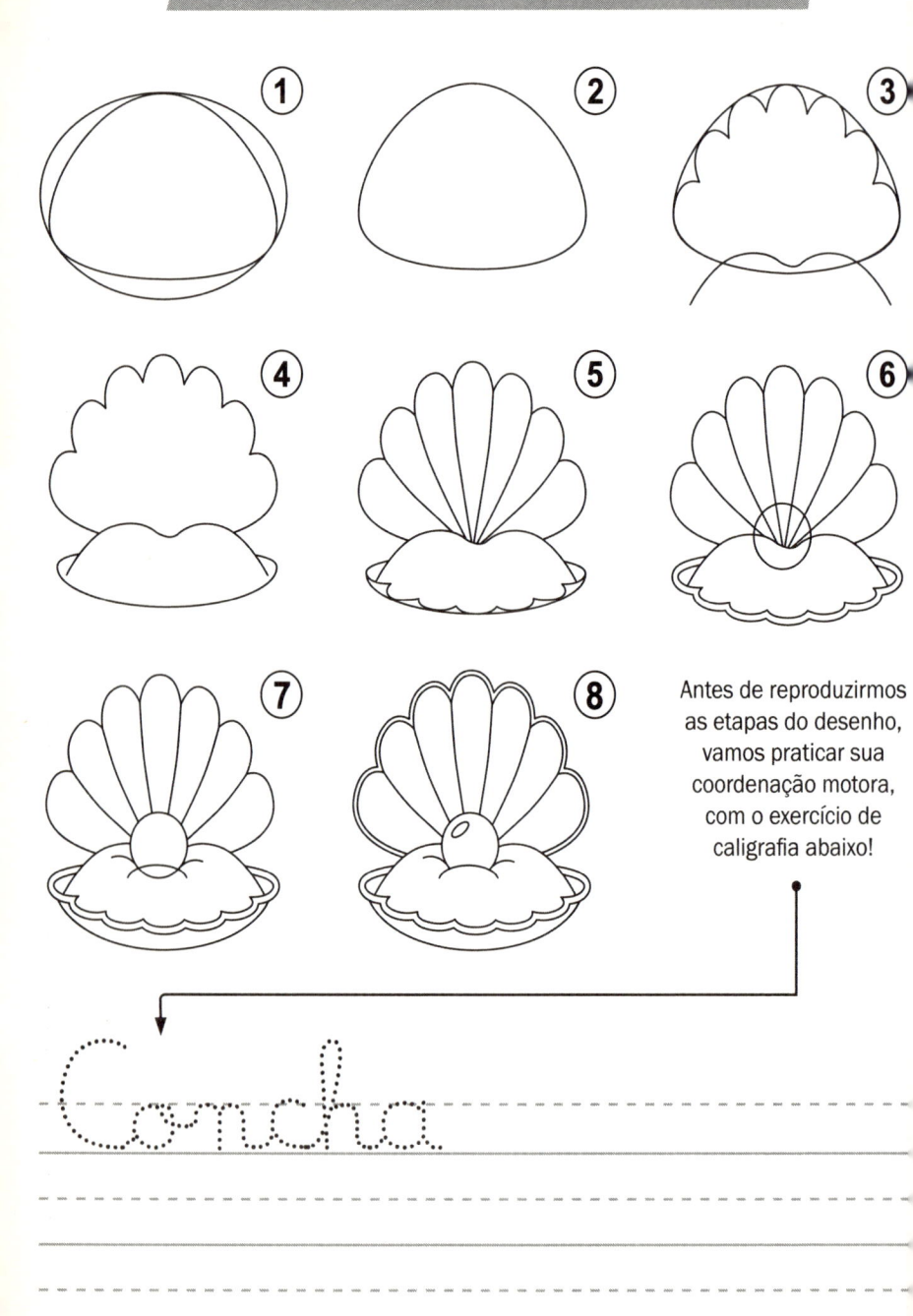

Preste muita atenção na sequência de ilustrações:

Antes de reproduzirmos as etapas do desenho, vamos praticar sua coordenação motora, com o exercício de caligrafia abaixo!

Concha

Agora é sua vez, repita os passos e faça seu desenho!

Complete o desenho:

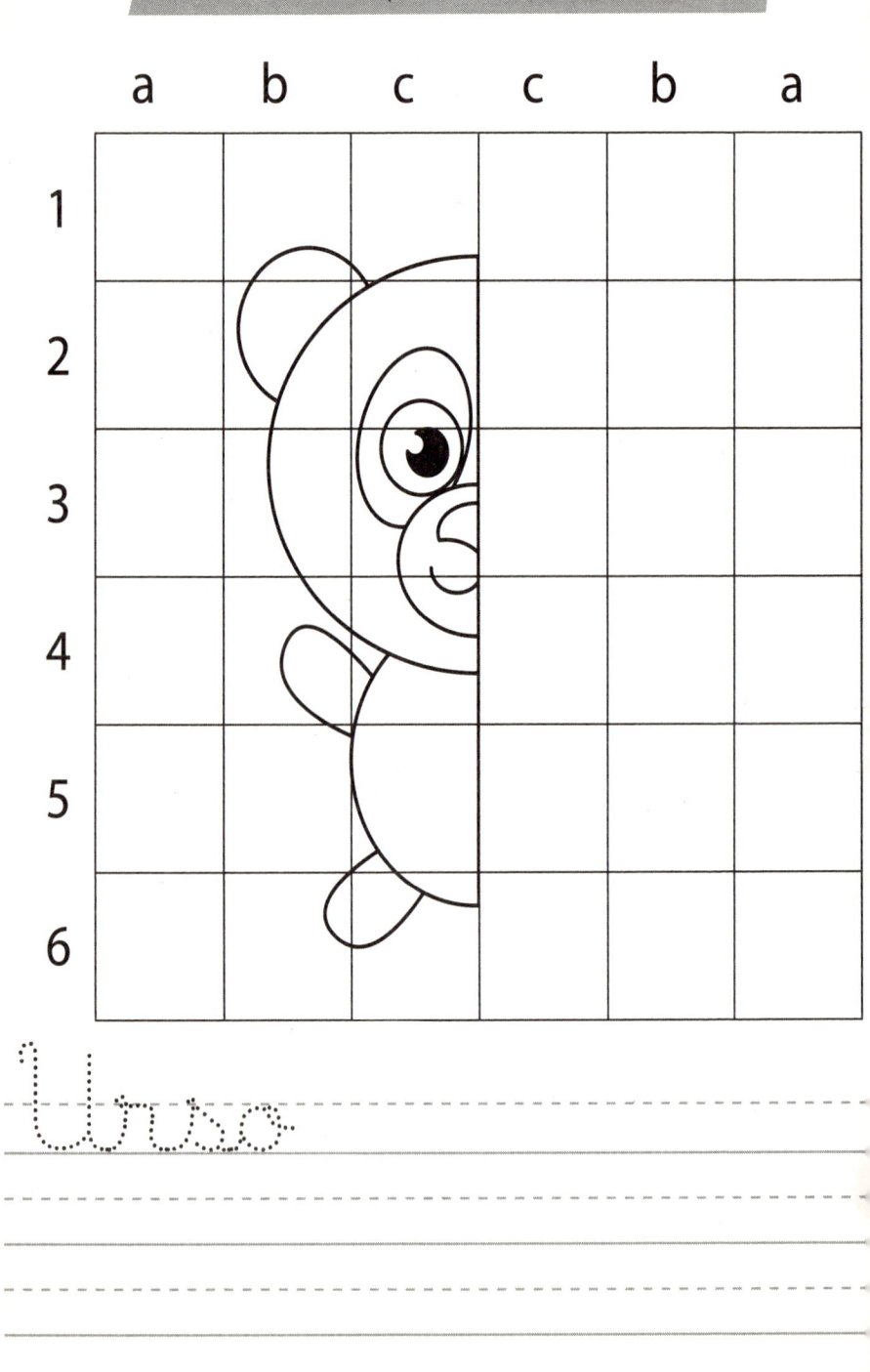

	a	b	c	c	b	a
1						
2						
3						
4						
5						
6						

Urso